近世史研究叢書52

東海道箱根関所と箱根宿

丹治健蔵 著

岩田書院

東海道箱根関所と箱根宿　目次

凡例（引用史料略称）

・『東海道箱根宿関所史料集』一・二・三（箱根関所研究会編、吉川弘文館、一九七二～七五年）→『箱根関所史料集』
・『箱根御関所日記書抜』上・中・下（箱根町教育委員会、一九七六～七八年）→『箱根関所日記』
・『近世交通史料集八・九　幕府法令　上・下』（児玉幸多編、吉川弘文館、一九七八・七九年）→『幕府法令』
・『神奈川県史』資料編9　近世（6）（一九七四年）→『神奈川県史』
・『南足柄市史』3　資料編　近世（2）（一九九三年）→『南足柄市史』

第一編　箱根関所

はじめに

近世の関所に関する研究を回顧してみると、家高荒治郎『木曽福島関所』（信濃教育会、一九三四年）、大島延次郎『関所―その歴史と実態』（人物往来社、一九六四年、改訂版一九九五年）、近藤恒次『東海道新居関所の研究』（橋良文庫、一九六九年）、五十嵐富男『近世関所の基礎的研究』（多賀出版、一九八六年）、金井達雄『中山道碓氷関所の研究』上下（文献出版、一九九七年）などの労作の他、丹治健蔵の『天狗党の乱と渡船場栗橋関所の通行査検』（岩田書院、二〇一五年）がある。

しかるに江戸時代ではもっとも重要な関所と考えられる東海道の箱根関所については渡辺和敏氏の「江戸幕府の関所制度の確立と機能―特に箱根関所を中心として―」（『日本歴史』三〇九号）などの研究論文が発表されているが、なお未開拓の関所であるといっても過言ではないであろう。

ところで江戸時代には一体関所がどの位あったのであろうか。参考までに『駅刊録』の「諸国関所一覧」（『日本交通史料集成』第二輯〈聚海書林〉四一～四七頁）を左に紹介してみると、表のとおりで五三か所にも設置されていたことがわかる。

これら関所のうち、もっとも重要視されていたのは小田原城主大久保氏が管理を委任されていた東海道の箱根関所、それに荒井（新居〈今切〉）関所と中山道の福島関所であった（表◎）。

したがってこの箱根関所の研究を軽視しては、いささか不念といわざるを得ない。

表　諸国関所一覧表（⊚＝最重・◎重・○軽）

関所名	所在地	管理者名	管理者身分	重軽
房川渡中田	武蔵国葛飾郡	小野田三郎右衛門	幕府代官	◎
金町・松戸	武蔵国葛飾郡	小野田三郎右衛門	幕府代官	◎
小岩・市川	武蔵国葛飾郡	小野田三郎右衛門	幕府代官	◎
小仏	武蔵国多摩郡	伊奈友之助	幕府代官	◎
新郷・川俣	武蔵国埼玉郡	阿部豊後守	忍城主	◎
上恩方	武蔵国多摩郡	伊奈友之助	幕府代官	○
上椚田	武蔵国多摩郡	伊奈友之助	幕府代官	○
檜原	武蔵国多摩郡	伊奈友之助	幕府代官	○
中川	武蔵国葛飾郡	石川靫負ほか二名	中川勤番	○
箱根	相模国足柄下郡	大久保加賀守	小田原城主	⊚
根府川	相模国足柄下郡	大久保加賀守	小田原城主	◎
河村	相模国足柄上郡	大久保加賀守	小田原城主	○
谷ヶ村	相模国足柄上郡	大久保加賀守	小田原城主	○
仙石原	相模国足柄下郡	大久保加賀守	小田原城主	○
矢倉沢	相模国足柄上郡	大久保加賀守	小田原城主	○
鼠坂	相模国津久井郡	大貫次右衛門	幕府代官	○
青野原	相模国津久井郡	大貫次右衛門	幕府代官	○
関宿	下総国葛飾郡	久世大和守	関宿城主	◎
大戸	上野国吾妻郡	吉川栄左衛門	幕府代官	◎
大笹	上野国吾妻郡	吉川栄左衛門	幕府代官	◎
猿ヶ京	上野国利根郡	吉川栄左衛門	幕府代官	◎
杢ヶ橋	上野国群馬郡	松平大和守	高崎城主	◎
五料	上野国那波郡	松平大和守	前橋城主	◎
碓氷	上野国碓氷郡	板倉伊勢守	安中城主	◎
南牧	上野国甘楽郡	吉川栄左衛門	幕府代官	○
西牧	上野国甘楽郡	吉川栄左衛門	幕府代官	○
白井	上野国甘楽郡	吉川栄左衛門	幕府代官	○

関所名	所在地	管理者名	管理者身分	重軽
狩宿	上野国甘楽郡	布施孫三郎	幕府代官	○
大渡	上野国群馬郡	松平大和守	前橋城主	○
真正	上野国群馬郡	松平大和守	前橋城主	○
福島	上野国那波郡	松平大和守	前橋城主	○
戸倉	上野国利根郡	吉川栄左衛門	幕府代官	○
木曽福島	信濃国筑摩郡	山村甚兵衛	尾張藩代官	⊚
清内路	信濃国伊那郡	堀大和守	飯田城主	○
小野川	信濃国伊那郡	知久雄之助	幕府代官	○
波合	信濃国伊那郡	知久雄之助	幕府代官	○
心川	信濃国伊那郡	知久雄之助	幕府代官	○
帯川	信濃国伊那郡	知久雄之助	幕府代官	○
贄川	信濃国筑摩郡	山村甚兵衛	尾張藩代官	◎
市振	越後国頸城郡	榊原式部大輔	高田城主	○
関川	越後国頸城郡	榊原式部大輔	高田城主	◎
鉢崎	越後国頸城郡	榊原式部大輔	高田城主	○
山口	越後国頸城郡	松平日向守	糸魚川城主	○
虫川	越後国頸城郡	松平日向守	糸魚川城主	○
今切	遠江国敷知郡	松平伊豆守	吉田城主	⊚
気賀	遠江国引佐郡	近藤縫殿助	交代寄合	◎
金指	遠江国引佐郡	近藤縫殿助	交代寄合	○
剣熊	近江国高島郡	松平甲斐守	郡山城主	◎
山中	近江国高島郡	朽木権佐	交代寄合	◎
柳ヶ瀬	近江国伊香郡	井伊掃部頭	彦根城主	◎
鶴瀬	甲斐国山梨郡	小崎平右衛門	幕府代官	○
万沢	甲斐国巨摩郡	榊原小兵衛	幕府代官	○
本栖	甲斐国八代郡	榊原小兵衛	幕府代官	○

注　『駅刊録』諸国関所一覧（41〜47頁）により作成

しかしながら幸いなことに、箱根関所および箱根宿については、つぎのような貴重な史料集が刊行されていたのである。

『東海道箱根宿関所史料集』一・二・三（箱根関所研究会編、吉川弘文館、一九七二〜七五年）
『箱根御関所日記書抜』上・中・下（箱根町教育委員会、一九七六〜七八年）
『南足柄市史』３　資料編　近世（２）（南足柄市、一九九三年）

そこで筆者はこれらの史料集を活用し、箱根関所ならびに箱根宿の全容を、箱根町立郷土資料館の館長をはじめ大和田公一氏などのご協力により、できる限り明らかにしてみたいと考えた次第である。

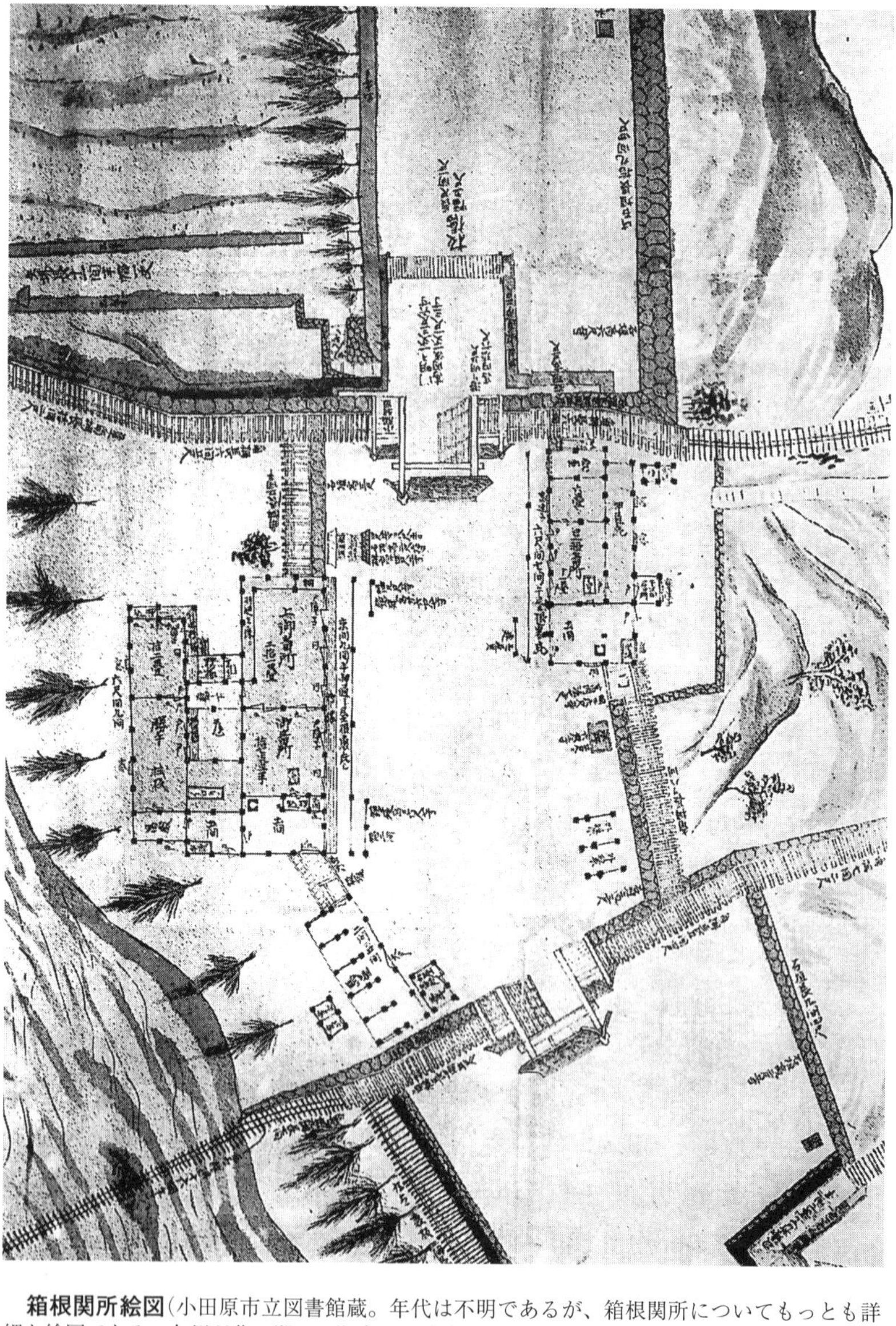

箱根関所絵図（小田原市立図書館蔵。年代は不明であるが、箱根関所についてもっとも詳細な絵図である。左側が芦ノ湖で、湖水側の建物が侍の詰めた番所で、下方に馬屋がある。右側の建物は足軽番所である。付録の箱根宿の絵図を参照すれば、関所の景観がいっそう明らかになる）（『神奈川県史』資料編6から転載）

第一章　箱根関所の沿革と関所番人

第一節　法令・制札からみた箱根関所

箱根関所は一体いつ頃創設されたのであろうか。この点についてはやや後年になるが、文化七年（一八一〇）八月二十三日付関所定番人立木徳右衛門の「箱根宿関所定番幷人見女取扱」の記録（『箱根関所史料集』）を見ると、つぎのように記されている。

文化七年八月廿三日

一、御関所建初之義御尋有之候ニ付、定番人相尋候処、立木徳右衛門親立木良山、左之通書出申候、

別紙左之通り

一、箱根御関所建初之義御尋ニ付、父一瓢ゟ申伝候趣、左ニ申上候、
往古北条家在城之節ゟ元箱根権現之一ノ鳥居外、字ヲカマト申所ニ御関所御座候而、湖之縁通り御厨江往来御座候由、承り伝申候、

一、唯今御関所之方大道は、其節山中城・並山城江通候細道ニて、杓子町と申所有之、権現之社人此杓子ヲ置之、土産ニ致候由、右場所は只今之芦川ニ御座候と承り伝申候、

天正十八年
一、御当家様御代相成、大忠世様御拝領続ニ　大忠隣様御在城之年数、慶長十年迄凡廿五（十五）ヶ年程、此年ゟ御番城と成、是ゟ十九年程至（過）テ、
秀忠将軍様御代、
一、元和五癸未年仲春、只今之御場所ニ建申候由承申候、
一、此年惣御奉行は松平右衛門大夫様、都而東海道道筋並木・壱里塚等迄御懸りと承り申候、是は只今之三州吉田之松平伊豆守様御先祖ニ御座候、
一、此時小田原御城番近藤縫殿介殿、只今遠州気賀交代寄合と承伝申候、此義は聢と規定致候義も相知申、是ゟ十四年程過而、宝（寛）永九年稲葉様御拝領被成候而相見江申候、御番城之内は何れも御旗本様之様ニ承り伝申候、
右書付入御覧ニ内、元和五仲春松平右衛門大夫様江被召出、私先祖立木市左衛門包貞従美濃国関ノ郷箱根小田原町江引越、定御番人勤仕候旨、私先祖書御座候のミ、余は手扣ニも無御座、口上ニ而伝候趣ヲ申上候、

右により元和五年（一六一九）芦ノ湖畔の現在の箱根関所旧跡の位置に創設されたことが明らかとなっている。

それでは設立当初箱根関所ではどのような取り締まりをしていたのであろうか。

寛永二年（一六二五）八月二十七日付「諸国関所高札」、ならびに寛永八年九月二十一日付根府川・箱根など江戸周辺の関所あての規定を見ると、つぎのとおり記されている（『幕府法令　上』九〇頁）。

○教令類纂初集九十七より
定
一、往還之輩番所之前ニ而笠・頭巾をぬがせ相通へき事、

一、乗物ニ而通候者乗物之戸をひらかせ相通すへし、女乗物ハ女ニ見せ通すへき事、
一、公家・御門跡其外大名衆前廉ゟ其沙汰可有之候、改るニ及へからす、但不審之事あらバ格別たるへき事、
右此旨を相まもるへき者也、仍而執達如件、
寛永二年八月廿七日　奉　行
右条令諸法度御触書　（国立公文書館蔵）

○教令類纂初集九十七より

覚

一、手負並女其外不審成ものを、手形なくして一切越へからす、若猥相渡ニおゐてハ、縦後日ニ聞候共、其番之者の事ハ不及沙汰、令条ニハ船頭船宿之事ハ不及沙汰ニつくる、一在所之もの迄可為曲事、欠落のものを捕へ差上候ハヽ、其人ニより御褒美之高下有之間、急度可被下之、自然礼物を出し、可渡と申族有之ニ、捕置可申上、金銀米銭何にても、其約束之一倍可被下もの也、
寛永八年未九月廿一日
右之文言ニ而
根府川　箱根関宿
杢の橋　武州小仏
小岩　新郷　大戸
市川　川俣　上州碓氷（川）
五料　金町　房州

芝　松戸　中田

右諸法度令条記 東武実録　大成令　旧令集　条令

按大成令ニハ、雅楽頭（老中酒井忠世）・大炊頭（同土井利勝）・讃岐守（同酒井忠勝）・信濃守（同永井尚政）・伊賀守（同内藤忠重）・大蔵少輔（同青山幸成）・丹後守（同稲葉正勝）・出羽守（同森川重俊）の連名あり、（下略）

（国立公文書館蔵）

これを見ると、箱根をはじめ江戸周辺の関所改め、女改めが、関所の重要な責務であったことが明らかとなる。

また、承応二年（一六五三）閏六月十三日付「箱根関所改め方覚書」（『幕府法令 上』一四九頁）を見ると、小田原藩から関所番人の改め作法や勤務心得などにつき、左のとおり一三か条にわたり具体的な指図が記されている。

一、箱根御関所通り候者改覚書之帳、桐間助右衛門・高村作右衛門右之検使ニ罷越候席ニ持参、其帳如レ左、

覚

一、公儀御制札之御文言少も相違無レ之様ニ相改可レ申、并卯ノ極月猪飼半左衛門殿・小田切喜兵衛殿被二仰渡一通、上使衆・継飛脚之外一切夜通シ申間敷事、

一、上使衆・御一門方・国持・五万石以上之衆御通之刻ハ、莚之上迄下り時宜可レ致事、

一、女改之手形不レ致二紛失一様ニ仕置、如二定之一定番之者小田原迄可レ致二持参一事、

一、往来相改之様子又ハ断在レ之儀、不レ寄二何事一（下脱カ）常ハ替たる儀在レ之ハ、明細ニ日帳ニ付置可レ申候、其内事ニ寄早〻小田原へ可レ致二注進一候、尤当番之侍共名書付可レ申事、

一、於二江戸ニ一若替儀在レ之候而、通之者多候ハヽ、上下共ニ相改、不レ残帳ニ付置可レ申、勿論事品ニゟ其跡ニ応可レ申二出之一事、

一、番所棚之近辺折〻打廻り可レ申候、町中元箱根其外茶屋寺〻ニ到迄、怪敷者有レ之ハ相改、急度可二申越一候、

縦風説ニ而も不審成儀申候ハ、早ゝ可レ致レ注二進之一事、
一、常ゝ法度ニ申付置候山道堅通間敷候、并船無レ断不レ致二渡海一候様ニ弥急度可二申付一候、但薪採舟又ハ所之用所ニ而渡海之儀ハ可レ任二先例一事、
一、若不慮之義有レ之ハ、番之者共相談之上、定番之者共ニ先例之様子承可二申付一候、不レ遅義又ハ不レ能二分別一ハ、小田原年寄共方迄早ゝ可二申越一事、
一、諸大名留守居之判形、此方ゟ遣置候帳面ニ張付置、判形引合相改可レ通レ之事、
一、於二番所一侍分ハ不レ及レ云、定番・足軽迄も常ゝ不作法仕間敷候、為レ何用所相叶（ママ）候共、相番之内替り、番所不レ明様ニ可レ致事、
一、番所之鉄炮一ヶ月ニ度宛為レ磨可レ申候、火縄古ク成候ハヽ、当番之足軽共ニ申付、ないかへさせ置可レ申候、尤弓・鑓其外小道具ニ到迄念を入常ゝ為レ致二掃除一、次之番江急渡可二相渡一事、附り、番所之掃除奇麗可二申付一候、若破損所有レ之ハ、早ゝ修覆可レ為レ致事、
一、以後年寄共方ゟ申遣候用之儀有レ之ハ、此帳面之末ニ書次可レ申事、
一、遠見番所之事、若噪敷儀在レ之刻ハ、番所ゟ半町計迄可二申付一事、

承応弐年癸巳六月十三日

（『神奈川県史』資料編4—二二八、永代日記）

この小田原藩からの関所改めの覚書は全部で一三か条にも及んでいるが、参考のため要約し、左に紹介してみよう。

まず第一か条では、関所改めは公儀の制礼の文言にしたがい改めをすること、上使通行と継ぎ飛脚のほかは一切夜間の通行は認めないこと。

第二か条では、上使・一門方・国持大名、五万国以上の大名に対しては関所番人は筵の上まで下りて対応すること。

第三か条では、女改めの手形は紛失しないように定番人から必ず小田原まで届けること。

第四か条では、関所改めについて特に変化があったときは小田原まで注進すること。

第五か条では、江戸において、もし変事があり、通行人が多かった場合は、上下共改め、残らず帳面に付けておき、品々により後から申し出ること。

第六か条では、番所の柵は折々に見廻り、町中元箱根そのほか茶屋・寺々にいたるまで怪しい者は相改め、不審があれば早々注進すること。

第七か条では、法度で申し付けておいた山道や船での湖水通行は禁止すること。

第八か条では、不慮の義があれば、定番人が相談のうえ小田原の年寄まで早々に申し出ること。

第九か条では、諸大名や留守居判形は此方からの帳面に張り付けておき、これと照合して通すこと。

第十か条では、番所の侍分はもとより定番・足軽まで不作法をしないこと。

第十一か条では、番所の鉄砲は一か月一度あて磨き手入れをしておくこと。そのほか弓・鑓・小道具にいたるまで念を入れて掃除して、つぎの番人に引き継ぐこと。

第十二か条では、以後年寄共から申し遣わしなどがあった場合は帳面に記し、引き継ぎをすること。

第十三か条では、遠見番所で、もし、不審者がいた場合は番所より報告すること。

以上が承応二年の小田原藩から関所改めに関する覚書一三か条の要旨である。

次いで貞享三年(一六八六)七月十二日付留守居酒井忠辰・彦坂重治・内藤正方・杉浦正昭など四名連署の女改めに関する通達を紹介してみると、つぎのとおりである(『幕府法令 上』二四八頁)。

一、女手形可二書載一覚

関所手形可㆓書載㆒覚
仮　令
女上下何人之内
一、乗　物　何挺
一、禅　尼　是ハよき人の後室、又姉妹なとの髪そりたるを云、
一、尼　　　是ハ普通の女の髪そりたるを云、
一、比丘尼　是ハ伊勢上人・善光寺上人なとの弟子又は能人の召仕にあり、其外熊野比丘尼等也、
一、髪　切　是ハ髪の長短によらす、少し切候共、又中はさみ、出来物之上なとはさみ候共、いつれも髪切なり、煩ぬけかみはへ揃ハさるハ髪切にて無㆑之候、但し是も髪切候と相見へ候ハ、髪切なり、
一、少　女　是ハ当歳よりふり袖之内ハ小女たるへし、乍㆑然ふり袖の体不審有㆑之ハ、可㆑改㆑之、但小女之内尼かふろ髪切なとハ不㆑及㆑改㆑之、
一、乱　心　男女共
一、手　負　男女共
一、囚　人　男女共
一、首　　　男女共
一、死　骸　男女共
右之通手形に可㆑書㆓載之㆒、若不審之体於㆑有㆑之は、改へし、此外ハ不㆑及㆑改㆑之、但欠落等之者有㆑之節ハ、此方より書付可㆑遣㆑之間、随㆓其趣㆒可㆑改㆑之、次に当月之日付にて来月晦日まて相通へし、女路次にて煩、

又ハ相果、手形より数不足之分ハ、其断聞届、可レ通レ之、勿論多ハ不レ可レ通レ之者也、

貞享三年寅七月十二日

能登守印（留守居　酒井忠辰）
壱岐守印（同　彦坂重治）
出羽守印（同　内藤正方）
内蔵允印（同　杉浦正昭）

（「武家厳制録」四一七）

これにより女性を禅尼・尼・比丘尼・髪切・少女に判別して手形に記載するように指示し、関所の女改めを徹底しようと企図したものと考えられる（『幕府法令　上』二四八～二四九頁）。

これは、寛文元年（一六六一）八月朔日付で通達された女改めに関する参考資料とは若干異る。

さらに正徳元年（一七一一）五月になると、道中奉行名で箱根・根府川・矢倉沢関所あてにつぎのとおり関所高札を提示して、関所通行人の取り締まりの徹底を期していたことが判明する（『幕府法令　上』三一九～三二〇頁）。

相模国
箱　根
根府川
矢倉沢
定

一、関所を出入る輩、笠・頭巾をとらせて通すへき事、

一、乗物にて出入る輩、戸をひらかせて通すへき事、
一、関より外に出る女ハつふさに証文に引合せて通すへき事、
附乗物ニ而出ル女ハ番所の女を差出して相改むへき事、
一、手負・死人、并不審成もの証文なくして通すへからさる事、
一、堂上の人々、諸大名の往来かねてより其聞へあるハ、沙汰におよはす、若不審の事あるにおひてハ、誰人によらす改むへき事、
右条々厳密に可相守者也、仍執達如件、
正徳元年五月　日
奉　行

なお、正徳元年の道中奉行は安藤筑後守（重玄）・松平石見守（乗宗）であったと考えられる。参考までに道中奉行の初代から四四代目までの補任記録を左に紹介しておこう（『近世交通史料集』十、一〜二頁）。

起立并定例取計之部
一、道中奉行之儀、万治二亥年大目付高木伊勢守、元禄十一寅年御勘定奉行松平美濃守加役被二　仰付一、其後引続両役ゟ被二　仰付一、名前左之通、
万治二亥年七月　大目付ゟ加役　高木伊勢守（守久）
延宝八申年九月　彦坂壱岐守（重紹）
天和三亥年八月　高木伊勢守（守勝）
元禄八亥年八月　神尾備前守（元清）

元禄十二卯年四月　安藤筑後守（重玄）

宝永五子年六月　松平石見守（乗宗）

享保六丑年二月　彦坂壱岐守（治敬）

享保九辰年三月　北条安房守（氏英）

享保十二未年八月　松平相模守（正常）

享保十四酉年二月　鈴木飛騨守（利雄）

元文三午年二月　稲生下野守（正武）

延享元子年十二月　水野対馬守（忠伸）

延享四卯年十月　神尾伊賀守（守邦）

寛延三午年十月　松下肥前守（之卿）

宝暦七丑年六月　曲淵豊後守（英元）

宝暦八寅年十二月　池田筑後守（政倫）

安永四午年八月　大屋遠江守（明薫）

天明八申年十一月　桑原伊予守（盛貞）

寛政十午年九月　井上美濃守（利恭）

元禄十一寅年十一月　後勘定奉行ゟ加役　松平美濃守（重良）

元禄十二卯年正月　久貝因幡守（正方）

宝永二酉年十二月　石尾阿波守（氏信）

宝永五子年十一月	大久保大隅守（忠香）
正徳六申年二月	伊勢伊勢守（貞敕）
享保六丑年三月	筧　播磨守（正鋪）
享保九辰年十月	稲生下野守（正武）
享保十六亥年九月	松波筑後守（正春）
享保十九寅年十二月	杉岡佐渡守（能連）
元文三午年七月	水野対馬守（忠伸）
延享元子年十二月	萩原伯耆守（美雅）
延享二丑年四月	木下伊賀守（信名）
延享三寅年三月	神谷志摩守（久敬）
寛延二巳年七月	遠藤伊予守（易続）
寛延四未年八月	三井下総守（良竜）
宝暦二申年正月	永井丹波守（尚方）
宝暦三酉年九月	曲淵豊後守（英元）
宝暦七丑年六月	菅沼下野守（定秀）
宝暦八寅年十二月	小幡山城守（景利）
宝暦十一未年九月	安藤弾正少弼（惟要）
天明二寅年十一月	桑原伊予守（盛貞）

天明八申年八月　根岸肥前守（鎮衛）
寛政十午年十二月　石川左近将監（忠房）
文化三寅年十二月　水野若狭守（忠通）
文化四卯年十二月　柳生主膳正（久通）

以上で法令・制札からみた箱根関所の沿革についての説明を終わることにしたい。

第二節　箱根関所の定番人と人見女

1 定番人の勤務心得

近世前期（元禄頃）と推定される「小田原史料覚書」を見ると箱根・根府川・矢倉沢・仙石原・川村・矢ヶ村など小田原領関所六か所の定番人・人見女について、つぎのような記録（『箱根関所史料集』二、三三頁）がある。

一、御関所六ヶ所定番人、
箱根　七石二人扶持立木市左衛門、六石五斗二人塚本八左衛門、五石二人井上伝左衛門、人見女銀壱枚二人扶持ツ、遣之、
根府川　五石五斗二人田中政右衛門、同断森本専右衛門、同都築此右衛門、人見女三人金壱分ツ、、
矢倉沢　五石五斗庵原九兵衛、五石二人小林武左衛門、同桜井九郎右衛門、
仙石原　五石五斗二人石村五右衛門、五石二人勝俣伝右衛門、
川村　五石三人露木善兵衛、五石四人扶持軽部伝右衛門、

矢ヶ村　壱石八斗五升二人岡部治左衛門、

これを見ると当時箱根関所には定番人として七石二人扶持の立木市左衛門、六石五斗二人扶持の塚本八左衛門、五石二人扶持の井上伝左門の三人が勤務していたことがわかる。

それに人見女が一人銀一枚、二人扶持であったことが明らかとなる。

それではこれら定番人四人はどのような役割を果たしていたのであろうか。

宝永二年（一七〇五）六月六日と推定される定番人誓詞前書を見ると、つぎのとおり八か条の誓詞が記されている（『箱根関所史料集』二、一〇一～一〇二頁）。

箱根御関所定番人誓詞前書

一、箱根御関所定御番被仰付候上は、前々ゟ被仰出候公義并御自分之御条目御法度出之趣、堅相守可申候、附、時代り仕、御番所ニ罷有候刻限油断仕間敷事、

一、往還之輩念入相改可申候、若理不ちん成族有之か、其外申上可然儀ニ候ハヽ、早々当番侍中江可申付事、

一、女改之義、御定之通念を入相改、尤人見女ニ見せ候義、弥以念を入様子承可申候、并御手形大切ニ仕、扣帳ニ写置申事、

一、新箱根・元箱根并新屋之女、御関所罷通候義、只今迄改来候通ニ可仕候、勿論依怙贔負不仕、自分之心得を以相通し申間敷候、

附、相役之内ニ而茂御法度相背申か、又ハ心得を以女通候者於有之ハ、有躰ニ可申上事、

一、御門立明之刻限之義、御定之通弥堅相守可申候、品ニより夜中御門明ケ候義有之候ハヽ、御番之侍中江相断可任差図事、

一、御番之侍中之諸事指図を請、御番所相勤可申候、併存寄之義候ハヽ、無遠慮可申達候、附、不依何事御尋之義、偽又ハ隠置不申、有躰ニ可申上事、

一、他所之衆、御家風様子相尋候共、不依何事不存由挨拶仕、申間敷事、

一、惣而おこりたる躰無之、御番之侍中江対し慮外ケ間敷義仕間敷候、押売押買不仕、町中江罷出候而茂はくち・大酒其外不作法仕間敷候、尤通之衆江かさつケ間敷義無之様ニ作法慎、挨拶可仕候、

附、筋目無之者方ゟ音信礼物受申間敷事、

これを見ると、定番人はまず第一に、公儀の条目や法度は堅く守ること。第二か条は、理不尽な族がいたら当番侍へ申し付けること。

第三か条は、女改めは特に念入りに人見女が改め、女手形は大切に取り扱い、控帳に写しておくこと。

第四か条は、新箱根・元箱根ならびに新置の女改めは、これまで通り改めをし、依怙贔屓《えこひいき》をせずに通すこと。

第五か条は、関所の刻限は開閉共に定めの時刻(午前六時〜午后六時)を守り、夜中の開門については当番の侍の指図によること。第六か条は、当番の侍の指図を守り関所改めの勤めをすること。第七か条は、他所の衆に対し余り余分の応接をしないこと。

そして第八か条では押売押買をせず、町中に出て大酒や不作法の振舞いをしないこと。そして最後には他人から音信礼物などを受け取らないこと。以上が誓詞前書の要約である。

次いで宝永二年六月付関所定番人三名の「覚書」(『箱根関所史料集』二、一〇四〜一〇五頁)をやや、長文ではあるが左に紹介してみよう。

覚

一、箱根御関所国々ゟ罷下入女之儀、京都所司代并京大坂町奉行衆ゟ證文ニ而罷通候段、兼而御定候手負・囚人・首・死骸等、女同前断手形参候哉之事、
此趣は、箱根御関所ニおゐて下り江通候女并手負・囚人・死骸等、右夫々に附参候者、御番所江罷越相届候迄ニ而、不及改相通申候、尤何方よりも手形又は断手形参候儀無御座候、
一、乱心者罷下り候ニは、不及證文通来候と相見、二条大坂在番之内、乱心の面々毎度無断罷通候由ニ御座候、軽キ者故毎度無断罷通、其通不及断候哉之事、
此趣は、箱根御関所ニおゐて下り江通り候乱心之男女之儀、前々ゟ不及改相通候、尤御番所江何方ゟも断手形等参候儀は無御座候、乱心ニ付参候者、御番所江罷越相届候迄ニ而、断等は不仕通申候、
一、出家・山伏・御師・行人・薦僧并前髪有之者は、往来共ニ罷通候者住居之所ゟ手形ニ而罷通候哉之事、
此趣は、箱根御関所ニおゐて下り江通候出家・山伏・御師・行人・薦僧并前髪有之候者共之儀、前々ゟ不及改相通申候、
一、御直参之外、御三家始侍下々迄、人数多少ニよらず右之通往来之断證文参候哉、御三家方ニ而は手形無之候而茂通申候哉之事、
此趣は、箱根御関所ニおゐて下り江通候御直参之外、御三家様始侍下々迄、人数多少ニよらす前々ゟ改ニ不及相通申候、
一、町人は大屋、百姓は名主ゟ相断罷通候哉之事、
此趣は、箱根御関所ニおゐて下り江通候町人・百姓之儀、前々ゟ不及改相通申候、
一、盲女は常躰之女手形ニ而罷通候、こせと有之罷通候例無之候、致支配検校之方ゟ申立候儀ニ候哉、座頭も断

手形持参申候哉之事、

此趣は、箱根御関所ニおゐて下り江通候盲女・こせ座頭之儀、前々ゟ不及改相通申候、

一、猿楽并芝居者・傀儡師類、往来共ニ手形ニ而相通候哉之事、

此趣は、箱根御関所ニおゐて下り江通候猿楽并芝居者・傀儡師之類之儀、前々ゟ不及改相通申候、

此度松平主計頭様ゟ箱根御関所上下改之儀御尋被遊、就夫改之次第右書付之通、稲葉丹後守様御代以来先定番人之者共私共江申伝相改来候趣、相違無御座候、以上、

宝永二乙酉年六月　井上掃右衛門

立木徳右衛門

塚本幾右衛門

見られるとおり、全七か条にわたり箱根関所の検閲仕法が、かなり具体的に記されている。すなわち、第一か条には、江戸方面への入り女については京都所司代ならびに京都・大坂の町奉行の証文により通すこと。

第二か条には、乱心男女については特に改めをしないこと。第三か条には、出家・山伏・御師・行人・薦僧《こむ》・前髪の者は往来共に前々から改めをせず通行を認めていること。

第四か条には、直参の旗本、御三家の侍については特に改めをせず通すこと。

第五か条には、下りの町人・百姓については特に改めをせず通していること。第六か条には、下りの盲女は常体の女手形で通している。また、箱根関所では下りの盲女・こせ（瞽女《ごぜ》）は常体の女手形で通していること。

第七か条では、猿楽・芝居者・傀儡師《くぐつ》（あやつり人形師）は前々より改めをしないで通していること。

さらに近世後期に入ってからの文化三年（一八〇六）十一月と推定される箱根関所定書十三か条を見ると関所役人の順守事項について、つぎのとおり記されている（『箱根関所日記』下、三〇〇頁）。

定

一、公義《御家被仰出》御法度之趣堅可奉守候事、
一、御関所御高札并御定書之趣奉守、往来之男女入念可改事、
一、御関所を忍ニ而通山抜等之者無之様ニ、平生無油断可心附候、若右之族有之節、兼而申付置候通可心得事、
一、御関所要害折々遂見分、柵木其外破壊之処有之候ハヾ、早速修補可申付事、
一、女改之節、往来差支不申候様ニ心得可入念事、
一、御関所近辺ニ而喧嘩口論有之節、又ハ倒者等有之則人之義不及沙汰、諸生類迄憐愍之志を専らとし、前申付置候通可心得事、
一、御関所前掃除無油断可申付事、
一、火事之節、番所并要害堅可守、御高札御定書等不致焼失不（ママ）致候様可掛心事、
一、御関所構之外、無用地江断なくして罷越間鋪事、
一、御旗本之面々大名ニ対シ不可致慮外、作法宜敷可相嗜候、且又御直参之衆ト存候者有之、逢可申旨ニ候ヘハ、断無して町家江罷出間敷事、
附、旅人ニ対し麁末成義無之、非分之改不致候様、定番人共・人見女ニ堅く申付、足軽已下迄行（ママ）宜敷可申付事、
一、於御関所かけの諸勝負并大酒等堅く禁止之事、
一、惣而御関所之義ニ付、兼而申付置候義共無相違様ニ入念可勤事、

一、定置処相背もの、或ハ不行義・不作法之族有之ニおいてハ急度可申付事、

右之条々可相守者也、

○印　両御幕、猩々緋御鎚印附、手桶弐ヶ所ニ飾、御番人麻上下、定番人惣出、足軽対之支度、

△印　片御幕、黒輪貫御鎚印附、手桶弐ヶ所ニ飾、御番人麻上下、定番人壱人、足軽対之支度、

面番所掛札下座看板

○御名代　△上使
△諸御門跡　△堂上方
○御三家　○同御嫡子
○同御隠居　○御老中
○所司代　○大坂御城代
○若年寄　御側衆
御奏者番　寺社奉行
大坂御城番　駿府御城代
伏見奉行　御留守居
在番御番頭　大坂・駿府加番
大目付　町奉行
御勘定奉行　御作事奉行
御普請奉行　長崎奉行

京・大坂町奉行　駿府御城番
禁裏附　仙洞附
山田奉行　大坂御船奉行
堺奉行　日光奉行
下田奉行 奈良奉行　駿府町奉行
佐渡奉行　浦賀奉行
御目付　遠国御目付
御勘定吟味役　御茶壺奉行
御数寄屋頭
　文化三丙寅年十一月
○日光准后宮　○御茶壺
　　下座之覚
　親王家
有栖川殿　京極殿　閑院殿　伏見殿
　御摂家
近衛殿　九条殿　二条殿　一条殿　鷹司殿
　清華家
久我　三条　西園寺　大徳寺　花山院　大炊御門

今出川　広幡　醍醐
大臣家
中院　正親町三条　三条西
五万石以上御大名　大広間　同御嫡子
五万石以上御嫡子　同御隠居

一、此外ニ大奥女中御使番巳上、并両御丸江被為入候御姫様方へハ都而平生下座致候事、
但　御三家様ハ格別之事ニ付、御女中様迄御当主様之通御馳走下座致ス、
文化三丙寅年十一月

右には関所番人の心得として、第一か条には、公儀御法度を堅く守ること、第二か条には、関所の高札・定書を守り、往来の男女を入念に改めること、第三か条には、関所を通らず山抜けをしないように平生から油断なく心付けること、第四か条には、関所周辺の要害について折々見分すること、また、柵木など被損箇所は早速修復すること。

第五か条には、女改めにつき往来が差し支えがないように心得ること、第六か条では、関所近辺での喧嘩口論、行倒人については以前申し付けておいたとおり十分に心得ること、第八か条では、火災に気をつけ高札や定番を焼失しないようにすること、第十か条には、旗本や大名、それに旅人に対しては粗末な応接をしないこと、など関所番人の心得につき詳しく記されている。

また、それに続いて親王家や幕府高官など高貴身分の者に対する関所番人の下座規程が記されているので参考までに紹介しておいた。

以上が箱根関所定番人の勤務心得の要約である。

2　人見女の素性

箱根関所の女改めに重要な役割を果たしていた「人見女」は一体どのような生い立ちであったのであろうか。

この点について近世後期ではあるが、寛政十年（一七九八）の「箱根関所諸覚」には、つぎのような記録がある（『箱根関所史料集』一、四頁）。

一、人見女之儀は、両人ニ而相勤来申候、新町百姓孫右衛門妻・同所百姓弥兵衛妻、右両人之家ニ而前々ゟ相勤
来申候、

これを見ると、新町百姓孫右衛門妻、同所百姓弥兵衛妻という記載があり、その出自が百姓であったことがわかる。

また、右記録には、つぎのような記事が収められている（『箱根関所史料集』一、三頁）。

一、通行之女、関所ニ而老女改候由、右之者ハ関所御預之家来と相聞候、若又其近辺之領主之家来、或ハ百姓町
人之妻等ニ而候哉、又は関所附ニ而古来ゟ勤来候者ニ候哉、年齢も何歳ゟ何歳頃迄相勤候極りも有之候哉、右
之趣承度候間、得と被相糺書付可被申聞候、
　　　閏七月

附紙

此儀、御関所御預之家来又ハ領主之家来と申儀ニ而ハ無御座候、所之百姓之妻、古来ゟ勤来候家御座候ニ付、
右之者相応ニ見習候上申付勤来候、年齢何歳ゟ何歳迄と申限り無御座候、
　閏七月十四日山中久内殿追書左之通り

一、追而、先達而御留守居様ゟ御聞合有之候節、下ヶ札ニ有之候山之内と申は何ヶ村ニ而候哉、且又人見女ハ

前々ゟ何人ニ而在之候哉、両様被取調可被申越候、以上、

同七月十五日右追書ニ付返報申遣候、左之通り

一、追而、先達而御留守居様ゟ御聞合有之候節、下ヶ札ニ有之候山之内村々何ヶ村ニ而候哉、且又人見女は前々ゟ何人ニ而有之候哉、両様取調可申達由被申越、致承知候、則別紙ニ認差遣候、御覧可被成候、已上、

右を見ても「所之百姓之妻、古来ゟ勤来候家御座候ニ付、右之者相応ニ見習候上申付勤来候」とあって、その前文には「人見女之儀は、両人ニ而相勤来申候、新町百姓孫右衛門妻・同所百姓弥兵衛妻、右両人之家ニ而前々ゟ相勤来申候」と記されている。

これらにより人見女の出自は百姓で、代々世襲であったことが判明する。

さらに近世後期の「箱根関所定番人・人見女取扱」から人見女の跡式に関する記録を抜粋し紹介してみると、つぎのとおりである（『箱根関所史料集』一、四二八頁）。

享和二年二月廿二日

一、人見女跡式願、去秋口上書ニ而差出置、前格取調候処、何茂口上願ニ相見江候得共、口上書ニ而差出候事故、
矢張口上書ニ為致、小田原物頭月番迄申遣候事、

同年（ママ）二年三月十三日

一、人見女見習御奉公先達而相願候ニ付、願之通申渡候事、

文化五年九月八日

一、人見利世、是迄養母津万代勤ニ而罷在候処、つま致病死候ニ付、跡式之義相願、同十八日願之通申付候事、

同九年十一月廿二日

一、去ル九月、人見女両人類焼致候ニ付、両人江金子壱両ツヽ、被下置候事、
文政元年九月廿九日
一、人見女利世娘幾、見習御奉公相願候ニ付、小田原江申遣候事、
同十月三日
一、利世娘幾、見習御奉公願之通被仰付候事、
同元年十一月廿三日
一、利よ義、久々病気ニ付難相勤候ニ付、娘幾江代御番為相勤度段、口上ニ而相願候ニ付、小田原江申遣候趣ニは
　有之候得共、願済相知不申候事、

右によれば、近世後期における箱根関所の人見女が利世から娘の幾に世襲されていた事実が判明する。
つぎに人見女がどのように女改めをしていたのか、享和三年（一八〇三）正月廿二日付記事を左に紹介してみよう
（『箱根関所日記』中、九四〜九五頁）。

一、箱根御関所江一綴二通、
一、根府川御関所江、同断、
　右之通ニ御座候、以上、
　　横折
関所女通手形近来女之面部・襟・咽・乳より上并手足都而見渡候所、疵所并髪之模様手判表ニ書載候処、已来
は、疵之処、髪之模様書載不申段、松平伊豆守殿江伺相済候ニ付、来月月附之手判より相改候間、右之段申達
候、元禄十七年九月七日、同十四巳年十月廿三日相達候条目通相心得可申候、年久敷儀ニ付、右条目之写弐通

為心得相達候、
一、於関所改ニ差出候女、彼是と事六ケ敷中、無訳旅行之者遅々致候類有之、難儀候趣相聞候、已来ハ改差出候女能々可被申付候、右之条相達候、以上、
享和三亥正月廿一日　壱岐　印
越前　印
大内記印
因幡　印
箱根関所　人改中
但、被仰出はケ条別記写在之者也、
右之ケ条之請相認
此儀、人見女之儀は、乗物ニ而参候女ハ、面番所向ニ乗物居相改、髪先之次第ヲ御番人共江申聞、御証文ニ引合候へハ相通申候、髪先見苦敷段申聞候へハ、非番之人見女呼出、猶又為改同様申聞候へハ、乗物より下之面番所縁淵ニ腰ヲ掛させ、尚又、人見女・定番人相改御番人共見請候処も同様見苦敷御座候へハ、御証文ニ引合不申候儀ニ付差戻申候、
一、歩行女改之儀、面番所縁淵江腰掛させ、人見女江相改させ申候、髪先改方之儀は、乗物ニ而参候女同様ニ御座候、右之通取扱ニ御座候ニ付、人見女彼是六ケ敷申無訳及遅滞候儀ハ無御座候、
これを見ると人見女は通行女性の面部・襟・咽・乳より上、ならびに手足など入念に見渡し、乗物できた女は、面

番所向かいで乗物のまま改め、髪先などにつき番人が証文と引き合わせ異状がなければ通し、もし、髪先などが見苦しい場合は非番の人見女を呼び出して改め、証文と引き合わない場合は差し戻していたと記されている。また、歩行女の場合は面番所縁側へ腰掛けさせて改めているが、人見女・定番人が証文と異なる点があれば差し戻しにしていると記されている。

このように人見女は女改めできわめて重要な役割を果たしていたのであるが、定番人と同様の格式であったことが、つぎの記録によって明らかとなる（『箱根関所史料集』一、二三五頁）。

箱根定番人并人見女取扱

一、定番人格式ハ組並ト可相心得、人見女ハ定番同様ト可相心得、尚格式之義ハ追而御沙汰有之旨、

一、定番伜見習御奉公相願候ハヽ、右願書延紙ニ為認、小田原伴頭方へ差下シ、夫ゟ御用人江達ス、

なお、人見女は定番人と同じく小田原藩から扶持米を支給されていたことが、宝永五年（一七〇八）のつぎの記録によって確認される（『箱根関所史料集』一、三四四頁）。

宝永五年十月廿三日

一、定御番人并人見女之御扶持米、此度小田原ニ而相渡り候ニ付、初而立木徳右衛門罷越御蔵ニ而請取、則右之米村継ニ而引取申候事、

以上で箱根関所の定番人ならびに人見女に関する説明を終わることにするが、最後に元禄十四年（一七〇一）六月朔日付関所番人の服装についての記録を左に紹介しておこう（『箱根関所史料集』一、二五一頁）。

●公　儀
○御手前 被仰出之部

覚

一、自今箱根御関所当番之者共、平生羽織袴着可相勤候、下座有之候節は、御役人以上之者は夏綟子・肩衣・袴冬裏附、上下可着之候、平御番之者共ハ、平生之通袴羽織ニ而可致下座候、勿論麻上下致着下座致来候御方之者（ママ）、只今迄之通麻上下着可致下座候事、

一、定御番之者共、平生白衣ニ而可被差置候、下座有之節ハ、羽織袴着為致可被差置、只今迄定御番之者共も麻上下着致下座来候御方々様有之候ハヽ、只今迄之通麻上下着可為仕候、其節ハ同心之者共、対之羽織袴着可為仕事、

一、御茶壺御通、ケ様之御用向之節は、当番之侍共麻上下着可仕事、右之通被為仰出候、可奉得其御旨候、以上、

元禄十四辛巳年六月朔日

九十五（ママ）

弘化二巳年十二月七日

これを見ると、関所当番の者は羽織・袴を着て勤務していたが、特に幕府高官や堂上公卿などの通行に際しては、夏綟子・肩衣・袴裏付の上下を着て応接し、平御番の者は平生の通り袴・羽織で下座すること、また、定御番の者は平生白衣にて応接し、特に下座する節は羽織・袴を着用して応接すること、などが記されている。

以上でひとまず「第二節　箱根関所の定番人と人見女」の説明を終わることにしたい。

第二章　鉄砲改めの制札と実態

第一節　法令・制札からみた鉄砲改め

箱根関所の鉄砲改めについては、『日本交通史辞典』（吉川弘文館、二〇〇三年）の「箱根関」を見ると、つぎのように記述されている。

箱根関所では当初、「入鉄砲に出女」の両検閲を主任務としていたが、幕藩体制の安定や新居関所と関連して、寛永十年（一六三三）代以降は鉄砲改めを省略して女改め主体となった（七三一〜七三二頁）と記述されている。

また、大島延次郎氏の『日本交通史』（新人物往来社、一九九五年）の箱根の関所（八三頁）の記述を見ると、鉄砲改めについてつぎのように記されている。

一、五十目以下の鉄砲、五十挺まで上り節（出鉄砲）は諸大名旗本留守居の証文にて相渡し候事、

一、五十目以上の長砲は一挺にても御老中御証文にて通すべき事、

一、下りの節は鉄砲（入鉄砲）、大小に拘らず、一挺にても御老中御証文にて通すべき事、

しかし、これは何の史料を根拠にしているのか、出典も年代も不明である。

さらに大島氏は、寛政元年（一七八九）二月付鉄砲手形を提示して、箱根関所でも鉄砲改めが実施されていたように

記述されているが、これも手形の出典は明示されていない。

これら先人の記述を回顧してみると、果たして箱根関所では鉄砲改めがどのように行われていたのか、必ずしも明らかでないように思われる。

そこで筆者は、箱根関所では鉄砲改めがどのように行われていたのか、関所の法令や制札、さらに関所史料を提示して、できる限り鉄砲改めの実態について明らかにしてみたいと考える。

まず最初に寛永二年八月二十七日付関所高札を見ると、つぎのように記されている。

定

一、往還之輩、番所之前ニ而笠頭巾をぬかせ相通へき事、

一、乗物にて通候者、乗物之戸をひらかせ相通すへし、女乗物ハ女ニ見せ通すへき事、

一、公家御門跡其外大名衆、前廉より其沙汰可有之候、改るニ及へからず、但、不審之事あらハ格別たるへき事、

右、此旨を相守るへき者也、仍而執達如件、

寛永二年八月廿七日　奉行

引書　教令類纂 条令

（「徳川禁令考」前集第四、二一六六）

これを見ると、寛永二年の段階では鉄砲改めについて全く触れられていないことがわかる。

また、承応二年（一六五三）正月二十九日付箱根・根府川関所の制札には、つぎのような文言が記されている（『幕府法令 上』一四八頁）。

一、箱根・根府川御関所御制札之儀、小田原へ被二仰遣一如レ左、

定　箱根関所

一、往還之輩、番所之前にて笠・頭巾をぬき可レ通レ之事、

一、乗物ニて上下之人ハ、乗物之戸をひらくへき事、附、女乗物ハ、番之輩差図にて女に見せ可二相通一事、

一、公家・門跡其外諸大名往還之刻ハ、前廉より其沙汰可レ有レ之候間、不レ可レ及レ改レ之、但不審之事あらは可レ為二各別一事、

右可レ相二守此旨一者也、仍執達レ如件、

承応弐年巳二月日　　奉行

御文言箱根御制札と同ニ付不レ記レ之、

定　　根府川関所

一、御文言右ニ同シ、

右両御関所御制札古ク成候段、公儀江被二仰上一候処ニ則　公儀ゟ書来、承応弐年巳正月ニ立ル、但箱根石田庄兵衛罷越、雨襲笆新敷仕替、御制札同月廿九日ニ立ル、根府川加番ニ木田伊左衛門居合川北長左衛門差遣、根府川ニハ雨覆無レ之付、新規申付、笆為二仕直一、同廿九日ニ立レ之畢、

（『神奈川県史』資料編4―一二一〇、永代日記）

これら二点の文書を見る限り、近世初頭にはまだ鉄砲改めは行われていなかったと考えられる。

しかし、その後寛文六年（一六六六）十月五日付関所高札を見ると、つぎのとおり第四か条に鉄砲改めの文言が記されている（『幕府法令　上』一九七頁）。

定

一、此関所番所之前ニ而、往還之輩笠頭巾をぬくへき事、

一、乗物ニ而通る面々、乗物之戸をひらくへし、但、女乗物ハ番之輩差図にて女に見せ可通事、
一、公家門跡諸大名参向之時ハ、前廉より其沙汰可有之間、不可及改之、自然不審之儀於有之ハ、格別たるへき事、
一、鉄炮之儀、以相定証文可通之事、
右、此旨可相守者也、仍下知如件、
寛文六丙午年十月十五日　奉　行

（「徳川禁令考」前集四、二一六九）

この高札は必ずしも箱根関所あてのものではないが、幕府支配下の全関所あてのものと考えられるので、箱根関所にも鉄砲改めが適用されていたといえる。

さらに元禄十三年（一七〇〇）九月十三日付箱根関所定番人の記録には、鉄砲改めについてかなり具体的につぎのように記されている（『箱根関所日記』中、七八頁）。

一、於箱根御関所大筒・小筒并武具前々より相改候儀無御座候、稲葉美濃守様、同丹波守様御代より鉄炮并武具改候儀終ニ無御座候、
一、松平下総守様御鉄炮、御関所通申候節、前々無御座候御老中様御裏書御証文参、慥其節御当番中より御注進被申聞候処、大殿様被仰出候は、自今御老中様御裏書之御証文ニ而鉄炮持参候節、裏書ニ鉄炮何挺無相違可通と斗有之、改之一字無之候ハヾ、右之通相心得改候ニ不及候、箱入之候鉄炮ニ候ハヾ、外より様体一通見届候而可相通候、
一、自今御老中様御裏書之御証文ニ、鉄炮何挺改可通と改之一字有之御文言之御証文持参之時は、箱入之鉄炮に

候ハヾ、箱の内ヲもこまかニ改メ候而通可申候、
一、自今御老中様御裏書之御証文不致持参候節は、只今迄之通に相心得、鉄炮改候ニ不及、前々之通可相通候由被仰出候ニ付、其御趣奉守罷在候、勿論松平下総守様御鉄炮御老中様御証文ニ而通候、已後御老中様鉄炮御証文持参候方無御座候、以上、
御証文小田原江持参判形不仕候、
立木徳左衛門印
井上長左衛門印
塚本義右衛門印

右の関所番人立木徳左衛門外二名の記録を要約すれば、松平下総守の鉄砲が箱根関所通行にあたり、自今老中裏書証文の鉄砲の取り扱いにあたり、「鉄砲何挺無相違可通」と記されていて、特に改めの一字が無い場合はそのまま通し、箱入りの鉄砲の場合は外よりひと通り見届けて通し、「改め」の文言のある手形については箱の内までよく改めて通すことにしている。また、自今老中証文を持参しない場合は改めなくてもよい、という趣旨が記されている。

また、その後元禄十四年八月十一日付の箱根関所の「覚書」には、つぎのような文面が記されている（『箱根関所史料集』一、二五二〜二五三頁）。

覚

箱根今切関所御用ニ付被罷通候衆持参之証文ニ不限、昼夜関所可相通と之文言ニ候ハヽ、下り被申候時、夜中ニ而も関所相通可申由、年寄衆江も申談相極、
一、御老中御裏印之鉄砲御證文持参致候へハ、篤と拝見仕、今切両御関所之宛ニ而候へば、真ニ持参之仁江差戻

可申候、爰許御関所取斗ニ而候へば留置、此旨小田原表重役江申遣候旨相断、先之仁相通候事、尤鉄砲ハ箱ノ上ゟ改候事、

但、御証文写取、小田原江伺候事、

右によれば、老中裏印のある鉄砲証文については篤と拝見し、そのむね小田原表の重役へ申し達していると記されている。

第二節　近世中後期鉄砲改めの実態

さらに近世中期に入ると、享保十三年（一七二八）九月付の左のような鉄砲証文がある（『箱根関所日記』下、一〇八～一〇九頁）。

覚

御鉄炮　弐拾挺　玉目三匁五分

右之御鉄炮　去未九月石川丹後守駿府在番之節為持罷登候処、丹後守於駿府病死付候間、右明キ組之御鉄炮弐拾挺、与力同心斗相添、従駿府江戸表江差下申候、箱根御関所無相違罷通候様御裏判申請度奉存候、以上、

享保十三戊申年九月　松平伊勢守印（駿府番頭）

大田備中守殿

水野壱岐守殿

本多伊予守殿

表書之鉄砲弐拾挺、関所無相違可相通候、断は本文有之候、以上、

左近印（老中松平左近）

和泉印（老中水野和泉守）

箱根

関所番中

以手紙啓上仕候、然は、駿府御番石川丹後守様明組御与力平岩清左衛門・須田与一郎と申仁両人今朝御関所江被相越申聞候は、此度駿府在番帰御鉄炮弐拾挺為特罷下り候ニ付、当番頭松平伊勢守殿より御証文之儀被相願、則御老中様御裏書之御証文壱通持参仕候由ニ而被相渡候由ニ而請取拝見仕、尤御鉄炮拾挺入弐箱無異義相通申候、依之右御証文壱通爰許定番井上伝左衛門并御足軽壱人差添為持進達仕候、以上、

九月廿三日　　五人

右によれば、駿府番頭石川丹後守の与力二名が鉄砲二〇挺を江戸表へ移送する際の鉄砲証文で、老中松平左近将監、水野和泉守忠之の裏判の証印がある手形である。これにより、駿府から江戸へ鉄砲二〇挺を移送する際には、老中裏判の鉄砲手形が必要であったことが判明する。

また、寛保二年（一七四二）二月四日付箱根関所番人五名から松平大和守の家来加藤大弐あての書簡を見ると、左のとおり、老中裏証文の手形で武具や鉄砲を通していたことが判明する（『箱根関所日記』中、八〇頁）。

一、以手紙啓上仕候、今日松平大和守様御武具附添御家来源川嘉蔵と申仁、栗間源八も附添御老中様方御裏印之御証文致持参、源八申聞候は、御鉄炮其外御武具類は今日参候分御改被成御通可被下候、勿論追々相通可申候間、通仕廻候迄ハ源川嘉蔵と申者新屋治兵衛方江致逗留罷在候段申候ニ付、右御証文相請取今日参候分、御鉄

炮御武具共相通申候、尤、相通仕廻次第御証文前格之通、早速差通可申候、此段為可申上如斯御座候、以上、

三月七日　　　五人

加藤大弐殿

さらに宝暦二年（一七五二）三月の左の記録によると、旗本菅沼織部正が役替えで伏見から江戸方面へ移動する際、箱根関所で老中証文が必要かどうか、問い合わせしたのに対して、老中裏書の証文があれば文言を改め通していると記されている。かつまた、寛保二年松平大和守が播州姫路へ所替えの節も老中裏判の証文で通していると、関所役人が返答している（『箱根関所日記』中、八一頁。大島延次郎『関所』改訂版、新人物往来社、八四〜八五頁、参照）。

宝暦二年三月菅沼織部正様伏見表江被為召、御役替伏見御引払ニ付、数鉄炮御在所差遣度候ニ付、箱根御関所ニ而御老中様之御証文入申候哉、御不案内ニ付、御聞合ニ付、小田原より申来候返書申達候趣左之通、

一、於箱根関所鉄炮并武具相改候儀御定目ニ無之、前格等も無之候へ共、御老中様御裏書之御証文候へバ、随御文言相改相通申候、且又寛保二年松平大和守様播州姫路江御所替之候節、御老中様御裏書之御証文参候、其節も右御証文ニ引合相改相道申候、

一、寛政元年酉三月十八日、松平伊豆守様御鉄炮三州吉田より江戸御屋敷へ御差下ニ付、御老中様方御裏御印之御証文、伊豆守様御家来榎並直左衛門と申仁、致持参候ニ付、御証文請取相改差通申候、

寛政元年閏六月十五日取調小田原江右之通書抜差遣申候、

なお、右記録には寛政元年（一七八九）三月十八日にも老中松平伊豆守（信明）が鉄砲を三州吉田より江戸屋敷へ移動する際にも老中裏判の証文を伊豆守の家来榎並直左衛門が持参して通行を認めているむねが記されている。

その後文化五年（一八〇八）十月付今切・箱根関所あての問合書付には、つぎのとおり鉄砲の通し方についてかなり

明瞭に記述されている（『神奈川県史』三六七頁）。

今切箱根御関所問合書付

一鉄炮・大筒何百目ニ而茂従江戸丹後国宮津迄登切差遣候節、今切御関所証文ニ不及申候哉、

一具足何百領ニ而茂従江戸丹後国宮津迄登り切差遣候節、今切御関所証文ニ不及申候哉、

三月

伊豆守様衆答書取

御在所江御鉄炮被遣候付今切御関所通方之儀、御問合被成致承知候、登り切鉄炮之分ハ不及証文、才領之者口上届ニ而相通候先格御座候、右鉄炮江戸江差下候節ハ御老中証文を以相通候先格ニ御座候、上方ゟ御取寄被成候御鉄炮ハ御老中様方御証文ニ而相通申候、右之外武器御取寄被成候ニハ御裏印之御証文入不申、尤才領之者江（ゟの誤カ）口上断ニ而相済申候、併長持小長キ荷物ニ而御差下被成候物其内ニ有之候ハヽ、品ニ寄為明一覧致通し候儀ニ御座候、

武器之分ハ口上ニ而相通候旨同人申聞候、

右之趣三月廿二日伊豆守様頭取長谷川源右衛門江問合答、

一鉄炮・大筒何百目ニ而茂従江戸丹後国宮津迄登り切差遣候節、箱根御関所御証文ニ不及申候哉、

三月

右箱根御関所鉄炮何百目何挺成共、具足何百領成共、登り切之分ハ付添之者口上届ニ而不苦之旨、且具足下り候節同断口上届ニ而相済申候旨被申聞候、

右之趣三月廿六日大久保様御留守居片桐小八郎方答、

（国立公文書館蔵）

これを見ると、今切関所では登り鉄砲は証文無しで、宰領の口上で通していたが、江戸向けの下り鉄砲は、老中証文によって通していると記されている。

また、箱根関所では鉄砲や具足は登りの分は付添いの者の口上で通し、それに具足も下りの分は口上届で通していると記されている。

それから文化五年四月十三日付『箱根関所日記』「御証文之部」の記録を見ると、つぎのとおり注目すべき鉄砲証文に関する記事が掲載されている（『箱根関所日記』下、一〇五～一〇六頁）。

以手紙申達候、然は、御鉄炮御断状壱通江戸より到来ニ付、拙者致封印御足軽両人ニ為持差遣候、前格之通可被取扱候、且御断状三ヶ条目但書之内、玉目弐匁八分五挺、からくり御鉄炮五挺、玉目弐匁八分三挺からくり御鉄炮と有之、挺数親高ニ合兼候様被存候間、間合候処、五挺からくりと有之候へハ、鉄炮五挺ヲ壱挺ニからくり候御筒ニ有之候由、三挺からくりも右同様之からくりニ候御筒ニ而、親高ニは相違も無之趣申来候間、左様可被相心得候、以上、

四月十二日　　蜂屋杢左衛門

五人殿

御断状左之通

覚

一、御鉄炮　　弐挺

但　　八百目御筒壱挺

三百目御筒壱挺
鋳形
但弐箱ニ入
一、火矢御筒　壱挺
但　玉目三貫目
但壱箱ニ入
一、御鉄炮　拾挺
但　玉目弐匁八分五挺からくり御鉄炮五挺
玉目弐匁八分三挺からくり御鉄炮五挺
但弐箱ニ入
一、御鉄炮　拾挺
但　玉目六匁
鋳形壱膳
鋳鍋壱本
但　壱箱ニ入
右は此度相模・伊豆・安房・上総国大筒御台場見分為御用井上左大夫被遣候ニ付、致持参候間、断次第箱根関所無相違可被通候、土井大炊頭殿御断付如斯候、以上、
文化五辰四月九日　壱岐　御印

箱根関所番中

これは留守居が発給した鉄砲証文で、相模・伊豆・安房・上総国の大筒台場見分御用のため、鉄砲・火矢などの武器を携帯していたことを示すものといえる。これにより箱根関所では、近世後期の文化五年には鉄砲改めをしていたことがわかる注目すべき文書といえる。

次いで文政九年（一八二六）六月二十五日付老中松平和泉守（乗寛）差図の鉄砲手形を紹介してみよう（『箱根関所日記』下、一三三五〜一三三六頁）。

一、今暮頃渡辺越中守様鉄炮四挺、御在所江被遣候由ニ而、森杏庵と申仁致持参候間、前格之通取扱差通申候、右ニ付為念年寄中江も申達置候、尤、右御断状納方之儀も文政五年四月伺済居申候間、是又年寄中江申達置候事、

御断状之写

覚

一、鉄炮　四挺

但台附玉目　百目弐挺
内唐銅筒壱挺
五拾目　弐挺

右者、渡辺越中守殿、従江戸屋舗領分和泉国泉郡伯太陣屋迄、箱根関所無相違可被通候、松平和泉守殿御差図ニ付如斯候、以上、

文政九年戌

六月廿五日　　山城
佐渡
日向
主膳
甲斐

箱根関所　番中

右記は、渡辺越中守の鉄砲四挺を江戸屋敷から領分の和泉国郡伯太陣屋まで移送する際の、箱根関所あての鉄砲手形である。

さらに天保十四年(一八四三)四月十四日付「鉄砲差通御断書之部」の記録を見ると、つぎのような鉄砲改めの記事が掲載されている(『箱根関所日記』下、三頁)。

一、鉄砲三挺
九匁五分玉筒壱挺
内
三匁五分玉筒弐挺
右は、此度下田奉行御役所、其外御普請目論見見分立合為御用罷越候付、荷物之内江入、箱根・根府川両御所之内通行致候間、往返共書面之通鉄砲無滞相通候様通達可有之候、依之相達候、
卯四月　川村清兵衛

大久保加賀守殿
留守居

右は、鉄砲三挺を幕府役人が下田奉行所の普請見分のため荷物に入れ箱根・根府川両関所を通行するので許可してもらいたいという一札で、あて名が小田原藩主大久保加賀守となっている。

以上、第二章では、箱根関所の鉄砲改めの制札と実態についてできる限り明らかにしてきたが、それによると箱根関所では鉄砲改めについては余り積極的ではなかったが、老中あるいは留守居の裏判がある手形を持参した場合は、かなり積極的に改めをしていたことが明らかになったと考えられる。特に近世後期には鉄砲改め証文が数点残存していたので、箱根関所でも鉄砲改めは実施されていたと考えても大過ないように思われる。

第三章　女改めと関所手形

第一節　法令・通達からみた女改め

女改めに関するもっとも早い高札文としては、元和二年（一六一六）八月の定船場法度まで遡る。この法度は左のとおり五か条からなっているが、その第二・三か条には、関東周辺の定船場での女改めに関する条文が記載されている（『幕府法令　上』七二～七三頁）。

定船場之事

白井渡　　厩　橋
五料　　　一本木
葛和田　　河　俣
古河　　　房川渡
栗橋　　　七里ヶ渡
関宿之内大船渡境　　府　川
神崎　　　小見川

松戸　　　　市川

一、定船場之外、わき〳〵にて、みだりに往還之者渡へからさる事、

一、女人・手負其外不審成もの、いつれの舟場にても留置、早々至㆓江戸㆒可㆓申上㆒、但酒井備後守手形於㆑在㆑之は、無㆓異儀㆒可㆑通事、

一、隣郷里かよひのものハ、所々之舟渡をも可㆑渡、其外女人・手負之外、不㆑苦者ハ、其所之給人又は代官之手判を以可㆓相渡㆒事、

一、酒井備後守手形雖㆑在㆑之、本船場之外、女人・手負又不審成ものハ一切不㆑可㆑通事、

一、惣別江戸え相越もの、あらたむへからさる事、

右条々、於㆓相背族㆒は、可㆑被㆑処㆓厳科㆒者也、

元和二年八月　日

（安藤重信）対馬守
（土井利勝）大炊助
（酒井忠利）備後守
（本多正純）上野介
（酒井忠世）雅楽頭

（「御触書寛保集成」五八）

これを見ると、当時幕府の老中であった安藤対馬守重信など五名連署の五か条の条文が記されている。その第二・三・四か条には渡船を通行する取り締まり条文があり、江戸から地方へ出行する女は大留守居の手形が必要であった

ことがわかる。これが関所改めに先行する女人取り締まりに関する最初の法令と考えられる。
次いで関所高札としては、第二章でもとりあげた寛永二年（一六二五）八月二十七日付の高札がもっとも古く、その三か条の条文には、左のとおり記されている（『幕府法令 上』九〇～九一頁）。

定

一、往還之輩、番所之前ニ而笠頭巾をぬかせ相通へき事、
一、乗物にて通候者、乗物之戸をひらかせ相通すへし、女乗物ハ女ニ見せ通すへき事、
一、公家御門跡其外大名衆、前廉より其沙汰可有之候、改るニ及へからず、但、不審之事あらハ格別たるへき事、
右、此旨を相守るへき者也、仍而執達如件、

奉行

寛永二年八月廿七日

（「徳川禁令考」前集第四、二二六六、教令類纂）

右の第一か条には関所の通行人は笠・頭巾をとること、第二か条には乗物（駕籠）で通る者に対しては戸を開かせること、第三か条には公家・門跡そのほか大名衆は前もって通知しているので、特に改めをせず通してよいが、不審があれば格別であるという趣旨が記されている。
これが江戸幕府の関所高札としてはもっとも早い条文といえる。これらの関所高札により、関所を通行する旅人は関所手形を提示して関所番人の検閲を受けることになったのである。
この点については、寛永八年九月二十一日付幕府老中八名連署の「覚書」を見ると、なお一層確かとなる（『幕府法令 上』九七～九八頁）。

覚

手負并女其外不審成ものを、手形無之て一切越渡へからす、若判鑑無相渡出へくハ後日ニきこへ候共、其番之者事ハ不及候、然在所之者迄可為曲事、欠落之者ヲ捕指上候ハヽ、其人ニより御褒美の高下有之て可被下之、自然礼物を出可渡と申族あらハ、とらへ置可申上、金銀米蔵何ニても、其約束之一倍可被下之もの也、

寛永八年九月廿一日

（森川重俊）出羽守　居印
（稲葉正勝）丹後守　同
（青山幸成）大蔵少輔　同
（内藤忠重）伊賀守　同
（永井尚政）信濃守　同
（酒井忠勝）讃岐守　同
（土井利勝）大炊守　同
（酒井忠世）雅楽守　同

（代官行吉）守屋左太夫殿

その後寛文元年（一六六一）八月朔日付女手形に関する通達文を見ると、手形の記載についてつぎのとおり留守居四名から指示されている（『幕府法令　上』一六九頁）。

一、女手形可二書載一覚
仮令
女上下何人之内

一、乗物　何挺
一、禅尼　是ハ能人之後室、又姉妹なとの髪そりたるを云、
一、尼　是ハ普通の女の髪剃たるを云、
一、比丘尼　是ハ伊勢上人、善光寺なとの弟子、また能人の後室なとの召仕にあり、其外熊野比丘尼等なり、
一、髪切　是ハ髪の長短によらす、少し切候共、又短切候共、何れも髪切也、
一、小女　是ハ当歳より十五六迄も、振袖の内ハ小女たるへき也、
一、乱心の女
一、搦之囚人　但、是ハ男女ともに、
一、死骸　但、是ハ男女ともに、
右之通手形に可レ書二載之一、此外於二関所一不レ改レ之、但、欠落等之者有レ之節ハ、従二此方一其者之年比様体書二注之一、可レ遣レ之間、随二其趣一本之儘可レ致レ之、次に当月之日付にて来月晦日まて可レ通レ之、従二其日限一及二延引一は、不レ可二相通一者也、

寛文元年八月朔日

隼人
長門
右近
美作

関所
人改衆中

（「武家厳制録」四一六・「徳川禁令考」前集第四、二一七七）

これを見ると、禅尼・尼・比丘尼・髪切・少女・乱心の女というように、女性を分別して手形に記載することになっているのである。

ところで、寛文元年二月二十一日に女手形で箱根・根府川関所を通行した人数を参考のために紹介してみると、つぎのとおりである(『幕府法令 上』一六七〜一六八頁)。

両関所女手形返戻覚書

一、箱根・根苻(府)川両御関所之女手形并寄帳、今日御留守居中江下石弥次兵衛致二持参一、

子ノ八月・十二月分
一、女手形合六拾九枚内 六拾五枚 箱根分 四枚 根苻川分 本多美作守(忠相)様分
御家来奈良崎猪右衛門ニ渡ス、

子ノ九月・丑ノ正月分
一、女手形合六拾三枚内 五拾九枚 箱根分 四枚 根苻川分 渡部丹後守(吉綱)様分
御家来清水権兵衛ニ渡ス、

子ノ十月分
一、女手形合三拾三枚　箱根分計　北条右近大夫(氏利)様分
御家来羽木伝之丞ニ渡ス

子ノ十一月分
一、女手形合三拾六枚内 三拾四枚 箱根分 弐枚 根苻川分 井沢隼人(政信)様分
御家来太田新右衛門ニ渡ス、

手形都合弐百壱枚内　百九拾壱枚　箱根分
　　　　　　　　　　拾枚　根府川分

右之通夫々致二持参一引付ニ無二相違一相渡シ申候、北条右近大夫様御当番ニ付、寄せ帳取次羽木伝之丞と申仁ニ預ケ置候、

（『神奈川県史』資料編4―二六〇、永代日記）

右によると、万治三年（一六六〇）子年の八月から十一月までの女手形の枚数は、箱根分が一九一枚、根府川分が一〇枚であったことが判明する。これらの手形はまとめて幕府の留守居え返還したのである。

第一章でもとりあげたが、その後貞享三年（一六八六）七月十二日付で、留守居酒井能登守（忠辰）外三名から女手形の記載例につき、つぎのとおり通達されている（『幕府法令　上』二四八～二四九頁）。

一、女手形可二書載一覚

関所手形可二書載一覚

仮　令

女上下何人之内

一、乗　物　何挺

一、禅　尼　是ハよき人の後室、又姉妹なとの髪そりたるを云、

一、尼　是ハ普通の女の髪そりたるを云、

一、比丘尼　是ハ伊勢上人・善光寺上人なとの弟子又は能人の召仕にあり、其外熊野比丘尼等也、

一、髪　切　是ハ髪の長短によらす、少し切候共、又中はさみ、出来物之上なとはさみ候共、いつれも髪切なり、煩ぬけかみはへ揃ハさるハ髪切にて無レ之候、但し是も髪切候と相見へ候ハ、髪切なり、

一、小　女　是ハ当歳よりふり袖之内ハ小女たるへし、乍レ然ふり袖の体不審有レ之ハ、可レ改レ之、但小女之内

尼かふろ髪切なとハ不レ及レ改レ之、

一、乱　心　　男女共
一、手　負　　男女共
一、囚　人　　男女共
一、首　　　　男女共
一、死　骸　　男女共

右之通手形に可レ書ニ載之一、若不審之体於レ有レ之は、改へし、此外ハ不レ及レ改レ之、但欠落等之者有レ之節ハ、此方より書付可レ遣レ之間、随ニ其趣一可レ改レ之、次に当月之日付にて来月晦日まで相通へし、女路次にて煩、又ハ相果、手形より数不足之分ハ、其断聞届、可レ通レ之、勿論多ハ不レ可レ通レ之者也、

貞享三年寅七月十二日

（留守居　酒井忠辰）能登守印
（同　彦坂重治）壱岐守印
（同　内藤正方）出羽守印
（同　杉浦正昭）内蔵允印

（「武家厳制録」四一七）

見られるとおりであるが、これは前掲寛文元年の関所女改めの通達と余り大きな変化がないように思われる。

その後元禄十四年（一七〇一）十月二十三日付で留守居村越伊予守（征成）外四名の「関所女手形の覚書」を見ると、左のとおり髪切について「是は髪の長短ニよらず不揃、揃切候ハ髪切也、煩ぬけ髪はへそろはす、少シ切候様ニ相見

へ、又ハ中はさミ出来物の上はさみ候ハ髪切にて無レ之、向後不レ及レ改レ之」とあって、髪切女の一か条についてこのたび改めたむねが記載されている（『幕府法令　上』二九四頁）。

元禄十四年巳年十月
関所女手形之内相改覚

一、髪切　是ハ髪の長短ニよらす不揃、揃切候ハ髪切也、煩ぬけ髪はへもへそろはす、少シ切候様ニ相見へ、又ハ中はさミ出来物の上はさみ候ハ髪切にて無レ之、向後不レ及レ改レ之、

右之通髪切女之一ヶ条此度相改候条、来月朔日之日付手形ゟ此書面を用可レ改レ之、其外ハ可レ為二先規之趣一候、

已上、

元禄十四年巳十月廿三日

（留守居　村越征成）伊予守　印
（同水野忠顕）長門守　印
（同松平昭利）主計頭　印
（同岡部宣政）丹波守　印
（同大久保忠兼）玄蕃頭　印

箱根御関所
人改中

（『神奈川県史』三六三頁、和令分類）

さらに時代は下るが、宝永二年（一七〇五）六月六日付関所定番人立木徳右衛門・塚本幾右衛門が記した「箱根御関所改之次第」により、留守居松平主計頭に差し出した書付の七か条の全文を紹介してみると、つぎのとおりである（『箱根関所史料集』二、一〇二〜一〇四頁）。

箱根御関所改之次第

御留守居松平主計頭様ゟ御尋ニ付書付差上候

覚

一、箱根御関所国々ゟ罷登候女并手負・囚人・首・死骸等相改候趣、左之通、

一、於箱根御関所、登ニ通候女之義は、御条目之通御留守居様方御證文引合相改通申候、御證文持参不仕候得ば一切通不申候、手負・囚人・首・死骸是又御条目之通ニ御留守居様方御證文ニ引合相通申候、御證文持参不仕候得ハ、一切相通不申候、

一、乱心者罷登候節、相改候趣、左之通、

一、登江通候乱心者、御条目之通御留守居様方御證文ニ引合改相通申候、御留守居様御證文無御座候得ハ、一切相通不申候、

一、出家・山伏・御師・行人・薦（虚無）僧并前髪有之候者、罷登候者共相改候趣、左之通、

一、出家・山伏・御師・行人・薦（虚無）僧并前髪有之者、登江通候ニハ、所縁之者ゟ之手形持参仕候得ハ、改相通申候、又ハ手形持参不仕候者ハ遂吟味、疑敷義も無御座候得ば相通申候、右之者共之内、女ニ紛敷相見へ候者ハ御番所ニ寄セ、入念改相通申候、

一、御直参之外、御三家様始侍下々迄、人数多少ニよらす罷登候者共相改候趣、左之通、

一、御直参之外、御三家様之侍下々迄、人数多少ニよらす登通候ニは、不及手形断承届相通申候、乍然前髪有之候者之内、又は坊主之内ニ女ニ紛敷相見候者は、御三家様御家来にても御番所へ寄セ、入念改相通申候、其外御大名様方・御旗本様方之内、御家来之判鑑箱根御関所江参居申候分は、持参之手形引合相通申候、判

鑑不参候御方様は、同御家中之者ゟ之手形持参仕候得ハ、其手形之趣相改相通申候、又は手形持参不仕候者ハ遂吟味承届、不審之躰無御座候得ば相通申候、右之通前々ゟ相改来候、

一、町人百姓罷登者共相改候趣、左之通、

一、町人百姓登江罷通候ニハ、其処之大屋・名主又は所縁之者ゟ之手形持参等仕候ニ付、相通申候、又ハ手形持参不仕候者ハ遂吟味、不審之躰無御座候へば相通申候、右之通前々より相改来候、

一、盲女并こせ・座頭罷登候者共相改候趣、左之通、

一、盲女登江罷登候ニは、御留守居様方女御證文ニ而相通申候、こせの義ハ常躰之女同前ニ相心得罷在り、御留守居様方御證文持参不仕候得ば、相通不申候心得ニ而罷有候、併只今こせと有之候御證文ニ而罷通義、覚不申候、座頭之義は、所縁之者ゟ手形持参仕候得ハ改相通申候、又ハ手形持参不仕候者ハ遂吟味、不審之躰無御座候得ば相通申候、致支配候検使ノ断ニ而相通候義御座候、右之通前々ゟ相改来候、

一、猿楽并芝居者・傀儡師之類罷通候者相改候趣、左之通、

一、猿楽并芝居者・傀儡師類登江通候ニハ、所縁之者ゟ手形持参仕候得ば改通申候、又手形持参不仕候者遂吟味、不審之躰無御座候得ば相通申候、右之通前々より相改来候、

此度松平主計頭様より箱根御関所上下改之義、御尋被遊候、就夫改之次第、右書付之通稲葉丹後守様御代以来、定御番人之者共申伝相改来候趣、相違無御座候、以上、

宝永二乙酉年六月六日

箱根御関定番人　立木徳右衛門

塚本幾右衛門

右の第一か条を見ると、箱根関所へ国々より登り候女は条目のとおりに留守居様方の御証文に引き合わせ、改めて

通している。証文が無ければ一切通さない。そのなか手負・囚人・首・死骸も留守居様方の証文に引き合わせ通している。証文を持参しない人は一切通行を許可しない。

第二か条には、登りの乱心者は条目のとおり、留守居の証文が無ければ一切通行を許可しない。

第三か条には、出家・山伏・御師・行人・虚無僧ならびに前髪のある者は、登り（京都方面）の場合は所縁の者の手形で通している。なお女に紛敷見える者は、番所に寄せて入念に改めたうえ通している。

第四か条では、直参の外、御三家の侍下々まで人数多少によらず、登りの場合は手形無しでも通している。しかし、前髪のある者のうち、または坊主のうち女に紛敷見える者は、御三家の家来でも番所に寄せ入念に改めて通している。

第五か条では、町人・百姓で登りの者は其の処の大屋・名主、または所縁の者の手形があれば通している。手形が無い場合でも吟味のうえ不審が無ければ通している。

第六か条では、盲女で登りの場合は留守居の証文で通している。ごせ（盲女）は登りの場合は留守居の証文が無ければ通行を認めない。座頭（盲人のビワ法師）は所縁の者の手形で通している。

第七か条では、猿楽ならびに芝居の者、傀儡師《くぐつ》（あやつり人形師）は所縁の者の手形で通し、手形が無くても不審が無ければ通している。

以上が宝永二年の関所定番人から留守居松平主計頭あての箱根関所の改めの大要である。

次いで享保六年（一七二一）には町方女の手形発行について、つぎのような申し渡しがあった（『神奈川県史』三六六頁）。

○教令類纂初集九十八より

享保六年閏七月　町方女手形発行につき申渡覚《（ママ）》申渡覚

一近キ比、町方より御関所女手形判願候もの、日々数多在之候、畢竟願人物入等も無之、末々軽き者迄も、無紛者ニ候ハヽ、相願候様ニとの御事、最前被　仰出候処、名主中之内若心得違ひも有之、急キ願出候得は宜事ニ存、不吟味いたし、諸親類ニても無之者又は旅人なと不計頼れ、紛敷儀も可在之哉、町内ニしかと住居無之者、願人ニ成可申哉、たとひ日数二三日手間取候共、とくと人主并女親類之内ニ無紛旨委細遂吟味、女手判願出可被申事、

閏七月

（「御触書寛保集成」七四）

これによると享保期に入って町方の女手形発行数が多くなったので名主など発行権者によくよく吟味したうえで発行するように申し渡していたことがわかる。

さらに寛延二年（一七四九）になると女手形の有効期限について二か月を限るとし、三か月になった場合は改めて手形を再発行するようにとの留守居五名連署の通達が箱根関所あてに出されていたことが、箱根関所の左の記録により明らかとなる（『箱根関所日記』下、三七九頁）。

一、関所女通手形二ヶ月ヲ限リ可相通候、但三ヶ月江越候節ハ、右手形改認メ直し差出候事、

一、引越之節女通手形二ヶ月を限リ可相通候、但二ヶ月ニ而不通切三ヶ月江越候節ハ、掛同役壱判之添手形可差遣候間、可相通候、三ヶ月ニ而も不通切候へハ、是又添手形差出可相通候、右之通向後可相心得候、

寛延二巳年八月

若狭守

日向守

近江守

兵部少輔

越中守

箱根関所　人改中

なお、明和九年（一七七二）の箱根関所の高札文を見ると、女改めに関するつぎのような文言が記されている（『神奈川県史』三五八〜三五九頁）。

○和令分類十一より

明和九辰年

相摸国

箱根　　大久保加賀守（忠顕）

但、高札有之、去卯年朝鮮人来聘之節御文言相改り高札直申候、

一、女禅尼・比丘尼・髪切・小女・乱心男女共・手負男女共・囚人男女共・首男女共・死骸男女共、
右之通相改候、御留守居方証文ニ而相通候由、

一、武具・弓・鉄炮等往来共改無之候、

一、夜中者一切不相通候、
但御老中方御証文有之候上者、夜中も相通候由、宿継御状箱并荷物等御老中方京・大坂・駿河町奉行ゟ之状箱荷物之儀、宿々問屋共之証文相添候得者是又相通候由、

明和九辰年五月

一、懐妊之女関所前ニ而女子致出生候節者、取扱之儀箱根・今切に相糺候処、左之通、

一、御証文ニ而参候女、関所前ニ而女子致出生候ハヽ、女数多ニ相成候間、御留守居方御証文無之候而者相通不申、附添之者并宿屋ゟ之証文ニ而相通候先格無御座候、

一、女関所前ニ而死去人数減候節取扱、此儀者人数不足之儀其断承届相通申候、宿屋ゟ之証文等差出候儀無之候、
差添之者其趣申聞候得者人数不足之儀者相通申候、
酉七月大久保安芸守(忠真)家来相尋候処(以下記載ナシ)
(国立公文書館蔵)

右のうち女改めに関する条文だけ見ると、第一か条には女禅尼・比丘尼・髪切・少女などは留守居の証文で通すと記されている。

また、懐妊の女が関所で女子を出産した場合は、女数が多くなるので留守居の証文が無ければ通すことができないと記されている。

その後、寛政八年(一七九六)二月には老中から関所女手形の記載方法について、貴賤の別なく女の身分を手形に記載するよう勘定奉行や留守居に指示していたことが判明する(『幕府法令 下』一〇二頁)。

御勘定奉行え
関所々女通手形之儀、万石以上、其外布衣以上御役人・寄合迄ハ、直断之分手形ニ女之身分不レ認、女何人誰断と被レ認候由、以来右直断之分も、誰母・誰妻或は召遣等、其女之身分をハ手形ニ認レ之、惣て断人之貴賤ニ不レ拘可レ被レ致候、
右之通、御留守居え相達、且又国々より出候女手形差出候面々并関所有レ之領主え致二通達一候様、大目付えも相達候間、可レ被レ得二其意一候、尤御料所関所之向々え可レ被二申渡一候、
(「御触書天保集成」四六三一・「牧民金鑑」下―五七六)

また、寛政八年二月付老中から勘定奉行への通達文を見ると、つぎのように記されている(『幕府法令 下』一〇二頁)。

御勘定奉行え

関所々女通手形之儀、万石以上其外布衣以上御役人寄合迄ハ、直断之分手形ニ女之身分不認、女何人誰断と被認候由、以来右直断之分も、誰母誰妻或は召遣等、其女之身分をハ手形ニ認之、惣て断人之貴賤ニ不拘可被致候、

右之通、御留守居え相達、且又国々より出候女手形差出候面々并関所有之領主え致通達候様、大目付えも相達候間、可被得其意候、尤御料所関所之向々え可被申渡候、

（「御触書天保集成」四六二一）

右によると、これまでの女手形では、万石以上の大名、そのほか布衣以上の役人・寄合までは、女手形に女の身分を認めず名前だけであったが、以来は直断（大名、旗本の布衣以上）の分も貴賤にかかわらず記載するように老中から指示していたことを示す通達である。

さらに享和元年（一八〇一）四月付通達文（『幕府法令　下』一一二頁）を見ると、つぎのとおり女一〇人以上で関所を通行する場合の手形は二枚とするむね、留守居酒井因幡守忠敬から示達されていたことがわかる。

一、享和元酉年四月四日（留守居）酒井因幡守（忠敬）様江御伺、諸国御関所御手判ヲ以罷通候女十人以上御座候へハ、御手判二通被二成下一候儀御座候哉、左候ハ御頼被レ申候証文も二通ニ仕差出候方可レ然哉と奉レ存候、十人已上ニ而も壱通之御手判ヲ以罷通候御関所も有レ之候哉、兼而相心得罷在度此段奉レ伺候、以上、

四月四日　水野左近将監（忠鼎）家来
丸山九八郎

御付札
御書面十人已上ニ候得者御証文二通ニ御認被レ成候儀ニ御座候、尤手判も二枚ニ而御座候、

（『神奈川県史』二六七頁、国立公文書館所蔵文書）

以上のとおり、近世初頭から渡船場や関所史料から女改めに関する法令や通達文を抽出し、紹介してきたが、関所役人はこれらを遵守して責務を遂行したものと考えられる。

第二節　公家・門跡・大名家の女改め

本節では箱根関所における公家・門跡・大名家の女改めがどのように行われていたのか、できる限り明らかにしてみたいと思う。

まず近世後期ではあるが、堂上《どうじょう》公家に対する箱根関所の対応についてみると、左の通り留守居の指示により輿の内まで改めをせず、関所番人は下座することになっていたことがわかる（『箱根関所日記』下、三七六頁）。

これには、有栖川宮親王家をはじめ五摂家の近衛家、清華家など堂上公家に対しては、関所で丁重に応接していたことが判明する。

一、堂上方御息女様、五摂家御息女様迚も改方御差別無御座候哉、併多分重キ御方ハ　公義御留守居様より輿之内不及改との御添状御持参ニ付、其趣取扱申候、且別紙此名前之御方々様江ハ御番人御関所前江下座致居候義ニ御座候、

親王家

有栖川、京極殿、閑院殿、伏見殿

御摂家

近衛殿、九条殿、二条殿、一条殿、鷹司殿

清華家

久我、三条、西園寺、徳大寺、花山院、大炊御門、今出川、広幡、醍醐

大臣家
中院、正親町三条、三条西
文政元年二月廿日

また、文政七年（一八二四）の関所定目を見ると、つぎのように記されている（『箱根関所日記』下、三七四〜三七五頁）。

御関所御定目
一、此関所ヲ通候輩、番所前ニ而笠頭布をぬくへき事、
一、乗物ニ而通候面々は、乗物之戸をひらくへし、但、乗物ハ番所之輩指図ニて、女ニ見セ可通事、
下総守様より之下札左之通
御書面乗物ニ而通候面々ハ、乗物之戸をひらかせべしと御座候、右ハ仮令万石以上御大名様方ニ而も御関所前御通輿之間ハ、御戸を明置候様子ニ御座候哉、左候ハヾ、右之御関所之方江御乗物之内見へ候為ニ可有御座候間、御戸かならす御明被成候而、御通行被成候筈之御義ニも可有御座候哉、又ハ多少ニ不限御戸ヲ明ケ候而御通行ニ候へハ、宜義ニ可有御座哉、箱根御関所ニ而も御振合御同様御座候哉、承知仕度奉伺候事、
此方より下札左之通
此義、箱根於御関所御条目ニ、乗物ニ而出入輩、戸をひらかせ可通事と御座候間、万石以上以下之無別条御関所前御乗物戸多少ニ不拘改方差支無御座候程被為引候ヘバ相通申候、
下総守様より下札左之通
一、御書面、公家衆御門跡方ニ而も御関所前御通輿之間ハ、御戸をあけ被置候義、前同断ニ御座候、但日光御門跡主様引続御関所御通輿之節、前々より御駕戸御開被成候様ニと御輿脇之衆迄毎度申候へ共、御開不被成候由、

且又御同勢之内、笠頭布かふり候面々有之候ニ付、声ヲ掛候へ共笠取不申、門主衆ハ外御関所ニ而も門主ハ笠をかふり通候旨申何分通行之由ニ御座候、箱根御関所ニ而も日光御門主様御通輿之節ハ、右之御振合ニ御座候哉、且又、承知仕度奉伺候事、

これによると、公家衆や門跡でも駕籠の戸を開けて関所を通るように定められていたことがわかる。

たとえば文化十一年(一八一四)十一月二日付一条宮家姫君通行の際の記録を紹介してみると、つぎのとおりである(『箱根関所日記』中、一二六頁)。

一、一条様姫君様御通行之趣書上候間、御大法之趣御本陣江中含候処、姫君様御儀は、禁裏より関東江御達相済、御関所ニ而御典之戸不引候而も宜敷段中聞候ニ付、尚又、御番士壱人罷出先様附添之仁江致面会、篤と御大法之趣申達候処、兼而御大法之趣ハ承知致居候事故、供之女中ハ不残乗物之戸引通行可致候得共、姫君ハ本陣平左衛門江申聞候通、関東江も申達事済居候事故、其通致候段申聞候間、此方より申達候は、何様重キ御方様之義ニ付、達而申達候筋ニは、無之候へ共、御断状不参上ハ、御大法相立不申候而ハ、拙者共勤前窺候事故、此処何分御承知有之候様、尚又申達候処、其所ハ致承知候旨被申候ニ付、其上ハ強而申達候訳も有之間敷と引取間も無之、御通行相済候、右ニ付、交代之上向井孫右衛門・別府直助年寄中江申達、已後右様之御通行之処ハ、何分可取扱候哉、仮令御断不参迚も参候心得ニ取斗候様事極り候へハ、御関所ニ而差支候筋も無之候ニ付、其段申達候処、篤と勘弁之上可及挨拶旨被申聞候、

右によると、姫君の輿の戸の開閉について関所役人と悶着があったことが判明する。なお、供の女中は全員戸を開いて通行している。

つぎに文化十三年六月二日付記録を見ると、大名の駕籠の戸の開閉についてつぎのような記録がある(『箱根関所日

記』中、一一七頁)。

一、栃木土佐守様御通行之処、御駕籠之戸明キ不申、定番共より御供中迄御大法之趣申達候処、前々仕来之趣申聞候ニ付、尚又、委細申達候処、土佐守様江可申聞旨申聞候、然る処、全御駕籠脇之者心得違之段申聞、御大法相立已後之儀、急度申達置候、

右によると、栃木土佐守の駕籠の戸が開かなかったので、定番人が供の者へ御大法のむね申し立てたところ、土佐守が承知したので、決着したと記されている。

つぎに大名家の妻女の関所通行について述べる。宝暦四年(一七五四)十一月付関所定番人五名から大久保隼之助あての言上書を見ると、つぎのとおり記されている(『箱根関所史料集』二、一〇一頁)。

一、御大名様奥方様・御息女様御通被成候節之改方之義、可申達旨、是又致承知候、御暦々様奥方様・御息女様は馬立之所ニ御乗物居相断申候、通例之奥様様《ママ》番所前遠ク御乗物ヲ差置改申候、常躰之女は乗物御番所前引寄相改申候、右之通御座候、

宝暦十一巳年正月十六日　　五人

大久保隼之助殿

暦々奥様は大名、通例之奥様は旗本、

一、乗物腰籠目にても丸棒にても、溝附引戸にて候得ば乗物ニ相立申候、右之趣爰元定番人共呼出、猶又相尋候処、右之通ニ候、以上、

宝暦四年五月十七日　　五人

岩瀬市令殿

右によると、大名家奥方・息女の場合は馬立の所で乗物から下り改めを受けていたが、通例の奥様（旗本）は番所からかなり離れた位置で乗物から下りていたことが判明する。

さらに天保十五年（一八四四）三月十五日の記録を見ると、大名家の親族の上の間改めについて、つぎのような記録がある（『箱根関所日記』下、三〇五頁）。

上之間改女御証文取扱手続等左之通

寛政四年四月十四日

一、細川越中守様御養母謠台院様御例有之、

文化四年三月十二日

一、細川越中守様御妹女様例有之候、

文政四年九月

一、宗対馬守様御実母様例有之候、

同十年十一月

一、御同人様御妹女様例有之候、

天保十四癸卯年五月廿七日

一、松平土佐守様御妹女様例有之候、

一、以手紙申達候、然は、細川越中守様御妹女様御上京ニ付、其御関所御通行之節改方之義、寛政四年御養母様御通行之節、御取扱有之候様ニ被成度、御留守居迄欠合有之候間、則別紙弐通差遣候書面之趣差支も無之候哉否返報可被申越候、以上、

三月十五日　　　　　　　　　吉野伝右衛門

右によると、細川越中守・松平土佐守の親族は、いずれも上の問改めを受けていたことが明白になっている。

また、天保十四年五月十八日付松平土佐守から、大名の妻女が旅行で箱根関所を通行する際の改め方への問い合わせについては、つぎのとおり認めている（『箱根関所日記』下、八～九頁）。

一、松平土佐守様より御問合左之通

惣而諸侯方御奥様或ハ御娘様、其外都而御女儀様方御旅行之節、於箱根御関所改方之儀は如何様之手続ニ御座候哉之事、

附紙

此儀、於箱根御関所手続之次第之通例之女は、御関所前ニ乗物居させ候へ共、木文御問合重キ御方様ハ御番所向上手之方ニ御乗物居置、人見差出為相改、右之模様相届候上ニ而、御証文ニ引合候へハ相通申候、右改之節御乗物附添之仁両三輩、其外御打物挟箱、并御道具類徒並之者、御乗物前後ニ□□□□居候儀は不苦候、勿論御附添之儀は御門外勢溜ニ扣居候向ニ御座候、是ハ先様御都合次第ニ而何レニ而も御関所ニ而差綺候儀ハ無御座候へ共、改之節は成丈人少ニ取斗、混雑不仕候様取扱候儀ニ御座候、

五月十八日　　　　箱根御関所

御番士

これによれば、重き身分の妻女は番所向かいの上手の方に乗物を置き、そこへ人見女が出向して改めをし、証文に相違が無ければ通行を認めていると記されている。

なお、文化十三年二月二十四日付江戸城本丸大奥女中藤尾の関所改め記事を見ると、左のとおり記されている（『箱

根関所日記』中、一二三頁)。

一、御本丸
　　大奥女中
　　藤尾様、御登下座

右之御方様御通行之趣、本陣及注進候間、御格式之儀相尋候処、御客応答格と申御格合之由申出候、尚、御証文持参之御附添之仁江承リ候処、年寄衆より次ニ而御使番よりハ、上三之御格式之旨申聞候、寛政三亥年九月朔日万里小路様御使小山様御使番きね・さた御通之節、平生下座致候、右の例ニ基キ下座致候、

最後に、天明四年(一七八四)十一月付田沼主殿頭の女中と推定される七人の女手形の記載が不備であったが、通行を許可していた事例について左に紹介する(『箱根関所日記』下、五〇〜五一頁)。

一、今八ツ時田沼主殿頭様御断ニ而女七人と有之御証文参候ニ付、相改候処、内訳之処ニ而は訳有、小女弐人多有之、都合大女壱人、小女六人と相見候へ共、題号と人別と相違も無之、且又、去丑年四月奥平大膳大夫様御証文之格有之、其上同年十月朔日、山中久内杉山小右衛門江被申聞候趣七有之事故、相改差通申候、

　　御証文之写
女七人、小女四人、髪之中井面部ニ疱瘡之寄之跡有之小女壱人、髪之中釣はけ有之小女壱人、乗物六挺、従江戸遠州相良迄、箱根関所無相違可被通候、田沼主殿頭殿御断付如斯候、以上、
　天明二年寅正月廿五日
　　　　　　淡路
　　　　　　阿波
　　　　　　土佐

豊前
箱根　人改中

同年十一月八日類例之写

一、今九ツ時頃、田沼主殿頭様御断ニ而女七人と有之御証文参候ニ付、相改候処、内訳之処ニ而は、大女三人、小女四人と相見候処、参候女ハ大女四人、小女三人ニ候得共、題号と人別相違無之、且又、天明二年正月田沼主殿頭様御断之御証文之格有之、其上去ル丑年十月朔日、山中久内杉山小右衛門江被仰聞候趣も有之候事故、相改差通申候、

御証文之写

女上下七人、内小女三人、髪先不揃之女壱人、前髪下中挟有之額ニ出来物之跡有之小女壱人、乗物三挺、従江戸遠州相良迄、箱根関所無相違可被通候、田沼主殿頭殿御断付如斯候、以上、

天明四年辰十一月三日　左近
駿河
阿波
土佐
箱根　人改中

右躰之御文言御証文は、是迄之通来候儀ニ付、相通可然旨長野弥十郎殿被申聞候、

これを見ると、手形に大女三人、少女四人と記載してあったが、実際は大女四人、少女三人であったので、手形記入の大女と少女の人数の相違であったため、特に通行を認めていた事例もある。

以上で第二節の公家・門跡・大名家の女改めがどのように行われていたのか、概述しておいた。

第三節　武家の家来と女の関所改め

まず最初に、武家の関所改めに関する箱根関所定番人の元禄十四年（一七〇一）八月二十五日の記録を左に紹介してみよう（『箱根関所日記』下、三三八頁）。

覚

一、惣而御大名様方御直参之御衆、御預り御国許江被遣候節ハ、御預之御大名様方之御直判御証文ニ而相通来候由、右之通去辰之十一月松平下総守様御家来黒屋平馬病人ノ由ニ而、乗物ニ乗刀脇差無之罷通候節、右之趣其許より申来候段爰許扣帳有之候、

一、総御直参之衆、御大名様方御預ニ而御国許江被遣候節ハ、御預之御大名様方御直判御証文ニ而御関所相通候ニ紛無之候哉、委細吟味之上可申上旨、

右によると、大名の家来は直判証文で通していたことが明らかとなる。

また、宝永二年（一七〇五）六月付け関所番人井上掃右衛門・立木徳右衛門・塚本幾右衛門の記録を見ると、左のとおり記されている（『箱根関所史料集』二、一〇三頁）。

一、御直参之外、御三家様之侍下々迄、人数多少ニよらす登通候ニは、不及手形断承届相通申候、乍然前髪有之候者之内、又は坊主之内ニ女ニ紛敷相見候者は、御三家様御家来にても御番所へ寄セ、入念改相通申候、其外御大名様方・御旗本様方之内、御家来之判鑑箱根御関所江参居申候分は、持参之手形引合相通申候、判鑑不参

候御方様は、同御家中之者〻之手形持参仕候得ハ、其手形之趣相改相通申候、又は手形持参不仕候者ハ遂吟味承届、不審之躰無御座候得ば相通申候、右之通前々〻相改来候、

これによると、直参や御三家の侍まで登りの場合は手形なしでも通し、下りの場合は持参の手形で改めて通したが、もし、手形が無くても吟味したうえで、不審が無ければ通していると記されている。

次いで天明九年（一七八九）の関所役人の記録を見ると、つぎのような記事もある（『箱根関所日記』下、一五八頁）。

一、松平大膳大夫様御家来、御関所宛無之手形致持参候処、是迄先例相見不申候ニ付、年寄中江相伺候処、大膳大夫様御国誠之印鑑ニ相違無之候上は、差通不苦旨申越差通申候、

同月廿九日

一、右同断御家来、同断之手形持参、伺之通取斗差通申候、

これは、関所あての手形を持参したが、松平大膳大夫の家来なので印鑑に相異がないため通行を認めたものである。

それから、旗本で御目見以下の武士は関所通行の際に下乗するようにとの留守居の通達があったことが、左の記録によって明らかとなる（『箱根関所日記』下、二六〇頁）。

一、御目見已下之者通行之節、下乗致罷通候様兵部少輔殿被仰渡、諸家中之儀も御目見不仕家来は下乗仕候様被仰渡候、尤御家来之内御目見も仕候者ハ、是迄之通駕籠ニ而罷通候様被仰渡候、依之為心得申達候、以上、

七月九日　　坂部十郎左衛門

酒井左衛門尉殿

留守居

真田右京大夫殿

留守居

次いで武家の女が関所を通行するとき、どのような改めがあったのであろうか。

寛文十年（一六七〇）の手形を紹介してみると、つぎのとおりである（『箱根関所史料集』二、七七頁）。

一、下女壱人、従江戸遠江国見付迄、箱根関所無相違可通之候、山内式部殿断付而如此候、以上、

寛文十年戌八月六日　長門

市正

右近

美作

箱根　人改衆中

一、女上下弐人内髪切壱人、駕壱挺、従江戸丹波国笹山迄、箱根関所無相違可被通候、上野車坂町浪人渡辺太兵衛母之由、東叡山目代田村権衛門致書物、其上小笠原山城守殿・加々爪甲斐守殿理（断）付而如斯候、以上、

寛文十年戌八月九日　長門

市正

右近

美作

箱根　人改衆中

これは、山内式部の下女一人、浪人渡辺太兵衛の母の場合であるが、いずれも留守居四名が連署していることが注

目される。

次いでにもう一点、寛文十年八月十一日付の女改めの記録を紹介してみよう（『箱根関所史料集』二、七七～七八頁）。

一、女上下八拾五人之内、小女拾八人・尼四人・髪切壱人、乗物四拾壱挺、従江戸京都迄、箱根関所無相違可被通候、永井伊賀守殿御内室并家来妻子之由、永井甲斐守殿断ニ付如此候、本多美作守御役御救免ニ付、信濃守殿御理付而如此候、以上、

寛文十年戌九月廿三日　右近

市正

長門

箱限　人改衆中

さらに時代はやや下るが、延享四年（一七四七）三月十八日付所替えとなって太田摂津守の家中の者、妻子・召仕女など上下合わせて四八二人（尼三人・髪切七五人・少女一六四人）、それに乗物一六六挺という多人数が上州館林から遠州懸川へ引越しする際の関所手形を紹介してみると、つぎのとおりである（『箱根関所史料集』二、一〇一頁）。

覚

一、女上下四百八拾弐人内　尼　三人　髪切七十五人　少女百六拾四人

一、乗物百六拾六挺

右者太田摂津守殿就所替家中之者妻子并召仕女、従上州館林遠州懸川江段々引越候ニ付、当卯正月我等共以連印断候通、摂津守殿家来須貝三郎兵衛・古屋善左衛門弐人之手形ニ而、箱根関所相通候処、引越之分通済候由、

須貝三郎兵衛・古屋善左衛門断付引替手形如此候、右弐人者ゟ追々差出候手形、女数於無相違は、此一紙手形と引替可被通候、内藤越前守病死ニ付、加印無之候、以上、

延享四年卯三月十八日　兵部
近江
越中
播磨

次いでもう一点、寛延三年（一七五〇）戸田能登守の家来柴田清九郎の親族が、野州宇都宮から紀州嶋原へ移動する際の手形を紹介してみると、つぎのとおりである（『箱根関所史料集』二、九八頁）。

女三人
内
壱人　髪切
壱人　小女

右者戸田能登守家来柴田清九郎と申者之母・同妻・同娘ニ而御座候、従野州宇都宮紀州嶋原江差遣申候、相州箱根御関所無相違御通可被下候、為後日證文仍如件、

寛延三庚午年二月
戸田能登守家来
嶋原江出立ニ付、無印　間瀬新兵衛
関　庄兵門印
嶋原江出立ニ付、無印　鳥居左兵衛
嶋原江出立ニ付、無印　戸田三左衛門

在府ニ付、無印
戸田十兵衛
在府ニ付、無印
彦坂与次右衛門

箱根
御関所御番御衆中

それから、明和八年（一七七一）十月二十七日付で大坂定番へ就任の安部摂津守の息女など上下七人が、乗物七挺で移転する際の手形を紹介してみると、左のとおりである（『箱根関所史料集』一、二八頁）。

志摩弘助小田原へ致持参候御證文留帳書抜写、左之通、
女上下七人内、小女壱人、髪之中釣はけ有之女三人、髪之中釣はけ在之髪不揃之女壱人、髪之中釣はけ有之右之方頬ニ腫物之跡、腮ニ灸之跡、左右之手ニ灸之跡有之女壱人、中挾之髪延立候女壱人、乗物七挺、従江戸摂州大坂迄、箱根関所無相違可被通候、安部摂津守殿大坂御定番就被仰付候、息女并召仕女共此度彼地江引越候由、摂津守殿断ニ付如斯候、以上、

明和八年卯十月廿七日
和泉
土佐
豊前
丹波
内記
井上伝兵衛
人見その（ママ）

箱根　人改中

さらに安永七年（一七七八）十月八日付箱根関所の女手形を左に紹介する（『箱根関所史料集』二、九九〜一〇〇頁）。

女上下拾人内、小女四人、髪之中出来物之跡有之小女壱人、髪之中并顔ニ出来物之跡有之小女壱人、左右之乳之上ニ出来物有之女壱人、髪之中小枕摺有之女壱人、中狭之髪延立候女壱人、乗物八挺、従江戸京都迄、箱根関所無相違可被通候、土屋伊予守殿京都町奉行就被仰付候、家来石井惣助妻・同手前ニ差置候娘并下女共、黒瀬喜文妻・同手前ニ差置候母・同娘并下女共、此度彼地江引越候由、伊予守殿断ニ付如斯候、以上、

安永七年戌十月八日　　　和泉

若狭

土佐

豊前

箱根　人改中

右は京都町奉行に就任する土屋伊予守の家来石井惣助と娘・下女の関所手形である。

なお、つぎに小笠原主殿頭が文化十五年(一八一八)三月二日、肥前の唐津へ所替えになった際の、親族をはじめ下女にいたるまで上下七三九人の留守居から、箱根関所番人あての通達状を紹介してみよう(『箱根関所日記』下、一〇四～一〇五頁)。

一、此度小笠原主殿頭様御所替ニ付、御留守居様より御達有之、

程村《(ママ)》竪紙

帳面之写

上書箱根　御関所御証文帳

拙者儀、今度肥前国唐津江就所替被仰付候、家来之母共、同妻共・同祖母共・同伯母共・同姉共・

同娘共・同姪共・同孫女共・同従弟女共并下女共、都合上下七百三拾九人内髪切八拾壱人、懐胎女弐拾五人、鉄漿附小女弐拾三人、小女弐百四拾八人、乗物弐百五挺、従奥州棚倉肥前唐津迄差遣申候、拙者家来平岡七右衛門・林源太左衛門印鑑引合、箱根御関所無相違追々罷通候様被仰渡可被下候、若此女共ニ付以来出入之儀致出来候ハヾ、拙者方江可被仰聞候、為後日証文仍如件、

文化十五戊寅年二月

小笠原主殿頭　御印
御居判

有田播磨守殿

石河甲斐守殿

佐野豊前守殿

柳生主膳正殿

宝賀山城守殿

御留守居様御断状之写

覚

此度、小笠原主殿頭殿為所替、従奥州棚倉肥前国唐津迄、家来之妻子共并下女共就引越候、箱根関所罷通候節、主殿頭殿内平岡七右衛門・林源太左衛門弐人之者手形ヲ以可相通候、依之主殿頭殿被差出候帳面、右両人之者印鑑共差越候間、上下之女通済候已後我等共一紙手形引替可申候、為其如斯候、以上、

文化十五年寅二月晦日　播磨

山城
主膳
豊前
甲斐
箱根　人改中

そして最後になるが、天保十四年（一八四三）五月十六日付箱根関所での女改めについて松平土佐守からの問い合わせに対し、箱根関所番士の返答文をつぎに提示して、第三節の説明を終わることにしたい（『箱根関所日記』下、八〜九頁）。

一、松平土佐守様より御問合左之通
惣而諸侯方御奥様或ハ御娘様、其外都而御女儀様方御旅行之節、於箱根御関所改方之儀は如何様之手続ニ御座候哉之事、

附紙

此儀、於箱根御関所手続之次第之通例之女は、御関所前ニ乗物居させ候へ共、本文御問合重キ御方様ハ御番所向上手之方ニ御乗物居置、人見差出為相改、右之模様相届候上ニ而、御証文ニ引合候へハ相通申候、右改之節御乗物附添之仁両三輩、其外御打物挟箱、并御道具類徒並之者、御乗物前後ニ□□□居候儀は不苦候、勿論御附添之儀は御門外勢溜ニ扣居候向ニ御座候、是ハ先様御都合次第ニ而何レニ而も御関所ニ而差綺候儀ハ無御座候へ共、改之節は成丈人少ニ取斗、混雑不仕候様取扱候儀ニ御座候、
五月十八日　　箱根御関所

御番士

右によると、大名家の奥方と娘については番所の向かい上手の上に乗物を置き、人見女がそこへ出向し改めをするが、もし、証文と相違が無ければ通行を許可する。その際、付添人は門外で待機してもらうと記されている。

第四章　町人・百姓の男改め

これまでの関所研究では、町人・百姓の男改め関する記述は管見の限りでは、ほとんど皆無のように思われる。そこで筆者は、箱根町立郷土資料館蔵の関所手形を紹介してみたいと考える。

まず最初に、天明二年（一七八二）三月二十日付の江戸深川森川町（現江東区）の家主が発給した伊勢参宮に行く二人の関所手形を、左に紹介する（『箱根関所日記』上、一五八頁）。

奉差上一札之事

一　此者弐人、伊勢参宮仕候間、御関所無相違御通被遊可被下候、為後日奉差上一札、仍而如件、

江戸深川森川町

天明二寅三月廿日

家主尾張屋

喜左衛門　印

箱根御関所

御役人中様

次いで天保十二年（一八四一）十一月十六日付で江戸小網町（現中央区）旅人宿藤兵衛が発給した関所手形を紹介してみよう（箱根町立郷土資料館所蔵　石内家文書、以下同じ）。

差上申一札之事
一　此者　弐人
右者駿州府中宿迄罷通物ニ御座候間、御関所無相違御通し被遊可被下候、為後日仍而一札如件、
天保十四年　江戸
卯三月廿三日　南鍛治町角
家主
次兵衛　印
箱根
御関所
御当番中

それからもう一点、嘉永二年（一八四九）四月二十三日付で江戸小伝馬町（現中央区）三丁目家主新助が発給した手形を紹介する。

差上申一札之事
一　此者壱人、豆州三嶋迄罷通候間、御関所無相違御通被為遊可被下候、為後日通一札仍而如件、
嘉永二年　江戸
酉四月廿三日　小伝馬町三丁目
家主
新助　印

相州箱根
　御関所
　　御役人衆中様

つぎは大坂表まで旅行の二人に発給した手形で、あて名が箱根関所役人衆中となっている。

　差上申一札之事
一　此者　弐人
右者大坂表迄罷通り申候者ニ相違無御座候、御関所無相違罷為遊御通可被遣様奉願上候、為後日仍而如件、
　天保十二年丑　　江戸小網町弐丁目
　十二月十六日　　　旅人宿
　　　　　　　　　　　藤兵衛　印
箱根
　御関所
　　御役人衆中様

次いでもう一点、嘉永二年七月二十九日付で江戸田所町（現中央区日本橋）家主利兵衛が発給した手形で、あて名が同じく箱根関所役人衆中となっているものを紹介する。

　差上申一札之事
一　此者三人
右者三州吉田宿迄罷通り申候、御関所無相違被遊御通可被下候、為後日差上申一札仍而如件、

嘉永二酉年
七月廿九日
江戸田所町
家主
利兵衛　印
相州箱根
御関所
御役人衆中様

なお、もう一点、嘉永三年二月十九日付で江戸馬喰町（現中央区）一丁目旅人宿京屋弥助が発給した手形があるが、これには野州那賀郡富田□（虫損）（現坂東市富田）の二人連れが伊勢参宮に行くところであり、あて名が箱根関所の役人中と記されている。

差上申手形證文之事
一　此者弐人
右者野州那賀郡富田□（虫損）伊勢参宮仕候間、御関所無相違御通し被遊可被下候、為後日差上申一札仍而如件、
嘉永三戌年二月十九日　江戸馬喰町壱丁目
京屋
弥助　印
旅人宿
箱根
御関所

御役人衆中様

次いでもう一点は、嘉永四年十二月二十八日付で江戸馬喰町一丁目江戸宿羽生屋藤兵衛が発給した手形で、下総国葛飾郡吉兵衛が伊勢参宮に行く途中箱根関所で改めを受けた際の手形と考えられる。

差上申一札之事

一　此者壱人

右者下総国葛飾郡吉兵衛村ゟ江戸出立ニ而、伊勢参宮ニ罷越候者ニ御座候間、御関所無相違御通被遊可被下候、依而為後日一札差上申処如件、

嘉永四年十二月廿八日　江戸宿

馬喰町壱丁目

羽生屋

藤兵衛　印

箱根

御関所

御役人衆中様

また、つぎに紹介するのは、武州足立郡三丁免村（現足立区中央本町三丁目）百姓一九人が伊勢参宮に出かけた際の手形で、発給者は右村の名主峯八であった。あて名は箱根関所役人衆中となっている。

奉差上手形之事

酒依清左衛門知行所

武州足立郡
三丁免村
百姓
拾九人

右之者共、当子正月五日出立ニ而伊勢参宮ニ罷越候間、何卒以御慈悲ニ御関所無相違被為遊御通可被下候様、偏ニ奉願上候、依之手形奉差上候、仍而如件、

嘉永五年
右村
子正月五日
名主
峯八　印

さらにもう一点、嘉永五年正月七日付で江戸高輪台町（現港区高輪）の家主平右衛門が発給した手形を、左に紹介してみよう。

差上申一札之事

一　此者

右者此度駿州府中宿迄罷通り候ニ付、御関所無相違被為遊御通シ可被下候、為後日差上申一札、仍而如件、

嘉永五年子年
江戸高輪台町
正月七日
家主
平右衛門　印

箱根御関所

御役人衆中様

右を見ると発給者は高輪台町の家主であるが、この手形を持って箱根関所を通行した人物は不明である。行先は駿州府中（現静岡市）と記されている。

それからもう一点、相州西浦賀の廻船問屋中西正八が発給した手形を紹介してみよう。

差上申手形之事

一　此者三人

右者遠州秋葉山迄罷越申候ニ付、箱根御関所無相違被為成御通可被下候、自今以後、右之者ニ付出入茂御座候得者、私申訳可仕候、為後日手形差上申候、依而如件、

嘉永七年子二月朔日　　相州西浦賀

廻船方

中西正八　印

相模国箱根

御関所

御当番衆中様

右の手形を見ると、遠州秋葉山に三人で参詣に行く者の関所手形で、あて名は関所当番衆中となっている。

次いでもう一点、嘉永五年三月五日付の手形を見ると、発給者は江戸小網町一丁目（現中央区日本橋）の家主元次郎で、奥州会津若松在住の三人が伊勢参宮に行くための関所手形である。あて名は箱根関所役人衆中となっている。

差（上脱カ）申手形之事

一　此者三人
右者従奥州会津若松い勢参宮ニ罷越申候間、御関所無相違御通被為遊被下置候様、偏ニ奉願上候、為後日仍而如件、
嘉永五年子二月五日　江戸
小網町壱丁目
家主　元次郎　印
箱根
御関所
御役人衆中様

さらにもう一点、嘉永五年三月二日江戸深川森下町（現江東区）の名主甚兵衛が発給した関所手形を見ると左のとおりで、尾州名古屋までの旅行者二人で、あて名は箱根関所役人衆中となっている。

差上申一札之事
一　此者弐人
右之者共今般尾州名古屋迄罷越候条、御関所無相違御通被為成被下置候様願上候、依之為後日一札如件、
嘉永五年子三月二日　深川森下町
名主　甚兵衛
箱根
御関所

御役人衆中様

また、嘉永五年七月十七日芝の森元町（現港区芝）須浅屋林蔵が発給した手形を見ると、駿府在八幡村（現静岡市駿河区）へ出向する旅人が、箱根関所を通っていたことが判明する。

差上申一札之事

一　此者

右此度駿府在八幡村迄為相登候間、御関所無相違御通被遊可成下候、為後日一札依而如件、

嘉永五年　　　　芝森元丁

子七月十七日　　　須浅や

林蔵　印

箱根

御関所

御当番衆中様

さらにもう一点、相州大住郡北金目村（現平塚市）名主久右衛門が発給した手形を見ると、伊勢参宮に行く者一人が箱根関所の改めを受けていたことが確かとなる（『神奈川県史』三七四頁）。

奉差上御関所手形之事

一　此者

右之者共心願御座候ニ付、伊勢参宮仕候、何卒御関所被為遊御通被下候、手形一札奉差上候所仍而如件、

嘉永六年丑正月七日　　三枝貞五郎様知行所

相州大住郡北金目村
名主　久右衛門

箱根
御関所
御奉行様

（平塚市北金目　柳川起久雄氏蔵）

つぎに元治二年（一八六五）二月二十八日付で武州多摩郡清戸村（現東京都清瀬市）名主長太郎が発給した左の手形を見ると、伊豆修膳（禅）寺に入湯に行く者一人が箱根関所の改めを受けていたことが明らかとなる。

差上申手形之事

一　此者

右者此度豆州修膳寺迄入湯ニ罷越申候間、御関所御通被遊可被下候、為後日差上申処手形依而如件、

元治二年丑二月廿八日　御代官江川太郎左衛門支配所
武州多摩郡清戸村
名主　長太郎　印

箱根御関所
御当番衆中様

そして最後になるが、元治二年三月三日付で相州津久井郡（現横須賀市）の名主弥次左衛門が発給したつぎの手形を見ると、豆州那賀郡へ出向する二名が箱根関所の改めを受けていたことが判明する。

差上申手形之事

一　此者弐人

右者此度豆州那賀郡迄罷越候間、御関所往返共無相違御通被遊可被下、為後日一札仍而如件、

元治二丑年　　御領分

三月三日　　相州津久井郡

名主　弥次左衛門　印

箱根

御関所

御役人衆中様

以上やや長文になったが、箱根町立郷土資料館に保管されていた男改めの手形を中心とした文書の紹介を終わる。

江戸後期になると、伊勢参宮や湯治などへ町人や百姓が出かける時には、家主や名主あるいは旅人宿や廻船問屋なども関所手形を発給していたことがわかり、興味深い史料といえる。

第五章　幕末維新期の箱根関所

元治元年（一八六四）三月二十七日に勃発した水戸天狗党の乱は、幕府為政者に大きな衝撃を与えたが、その前後から箱根関所の取り締まりが一段ときびしくなっていたことが、つぎの史料により明らかとなる。

たとえば元治二年正月付の豆州田方郡中村の百姓吉蔵は、拠んどころ無い用事で江戸表へ出府することになったが、吉蔵と付き添い人平兵衛の印鑑を頂戴したいむね、つぎのとおり韮山役所へ願い出ている（『箱根関所史料集』三、三九七頁）。

乍恐以書付奉願上候

当御支配所豆州田方郡中村役人共奉申上候、当村百姓吉蔵義、今般無拠用向ニ付、江戸表江出府仕度段願出候間、村役人共相糺し候処、相違無御座候ニ付、何卒出格之御慈悲ヲ以箱根御関所・江戸出口御番所御印鑑、右吉蔵供として平兵衛弐人御通し被成下候様、偏ニ奉願上候、以上、

元治二丑年正月

当御支配所
豆州田方郡中村
百姓代　幸　八　㊞
組頭　伊右衛門　㊞
名主　友右衛門　㊞

韮山
御役所　　右御印鑑弐枚被成御渡奉請取候、以上、
　　　　　丑正月九日
　　　　　　　　　　右村
　　　　　　　　　　組頭
　　　　　　　　　　　明　平　㊞

またもう一点、元治二年二月駿州駿東郡大諏訪村組頭佐右衛門は、当村百姓多兵衛が江戸四ツ谷駿河屋長兵衛方へ出向する際に箱根関所へ差し出す印鑑証明を、つぎのとおり韮山役所へ願い出ている（『箱根関所史料集』三、三九八～三九九頁）。

恐以書付奉願上候

当御支配所駿州駿東郡大諏訪村組頭佐右衛門奉申上候、当村百姓多兵衛と申者、今般江戸四ッ谷駿河屋長兵衛と申者方江無拠用向ニ而罷越度奉存候間、箱根御関所江戸出口御番所江之御印鑑頂戴被仰付度奉願候、以上、

元治二丑年二月
　　　　　　　　当御支配所
　　　　　　　　駿州駿東郡大諏訪村
　　　　　　　　　　　組頭
　　　　　　　　　　　佐右衛門　㊞

韮山
御役所　　右御印札弐枚被成御渡奉受取候、已上、
　　　　　丑二月十六日　　　　　右
　　　　　　　　　　　　　　佐右衛門　㊞

さらにもう一点、元治二年二月豆州君沢郡北江間村名主喜三次が、年貢廻米御用で出府する際に箱根関所通行の印札を願い出た韮山役所あての願書がある（『箱根関所史料集』三、三九九頁）。

乍恐以書付奉願上候

当御支配所豆州君沢郡北江間村名主喜三次奉申上候、私義、去子御年貢御廻米納御用ニ付、来ル廿日出立出府仕度奉存候、依而箱根御関所并江戸出口御番所通行相成候様ニ御印札頂戴仕度奉願上候、此段御聞済被成下置候ハヽ、難有仕合奉願候、以上、

元治二丑年二月

当御支配所
豆州君沢郡北江間村
名主
喜三次　㊞
与頭
三右衛門　㊞

韮山
御役所

右御印札被成御渡奉受取候、以上、
丑二月十七日　右村
喜三次　㊞

また、豆州田方郡湯ヶ島村百姓仙右衛門などの印鑑証明六枚を願い出た、つぎのような記録もある（『箱根関所史料集』三、三九九頁）。

乍恐以書付奉願上候
当御支配所
豆州田方郡湯ヶ島村
百姓
仙右衛門

江戸神田鎌倉横丁板見屋善助方迄罷越候、
同
庄　蔵
同
與左衛門伜
與三郎

同所田町山家屋市兵衛方江山売荷物掛合筋有之罷越候、
同
八左衛門伜
栄　吉

江戸芝口壱丁目平芝屋幸七方江炭仕切方懸合有之罷越候、

右之もの共儀、箱根御関所并先々御番所江之御印鑑頂戴致呉候様願出候間、右願之通御聞済之程、偏ニ奉願上候、

以上、

元治二丑年二月
右村名主
清次郎 ㊞

韮山
御役所

右御印鑑六枚被成御渡奉受取候、已上、
丑二月十八日　右村名主
清次郎 ㊞

なお、もう一点、豆州賀茂郡熱海村役人組頭久兵衛ほか二人が、関所通行が厳重になり生魚渡世の者が小田原・大磯宿などに行く際、いちいち印鑑を頂戴していては手間取、魚痛ができ、かつ近在商人に安値で買い取られたりしているので、なにとぞ出格の取り計いで印鑑を一〇枚御下げくださるように願い上げると訴えている。この願いは聴許されたむねが、左の願書の末尾に記されている(『箱根関所史料集』三、四〇一頁)。

乍恐以書付奉願上候

豆州賀茂郡熱海村役人共奉申上候、当村之儀は家数弐百八拾軒余、人別多ク農間漁業又は温泉客宿、其外諸職人多之土地柄、小田原宿・大磯宿又は湯本村辺等江朝夕往返渡世相営候もの不少、然ル処、御関所御手形御厳重相成候已来、生魚渡世之もの別而差支、小田原・大磯宿等江罷越度存候節、逸々御印鑑頂戴仕居候而ハ手間取、魚痛出来、無余儀近在之商人共江安直ニ被買取候儀度々有之、実ニ歎ケ敷、且村役人共ニおゐても漁業出入中、殊更山越之儀手廻兼候儀御座候間、奉恐入候御儀ニは有之候得共、何卒出格之以御憐愍村内之もの共、潤助弁利之ため、御印鑑拾枚也御下ケ被成下置候様奉願上候、尤其都度村役人共方江名前留置、追而明細帳可奉差上候間、右願之通御聞済被成下置候ハ、難有仕合ニ奉存候、以上、

元治二丑年二月
当御支配所
豆州賀茂郡熱海村
名主見習半太夫煩ニ付代兼
組頭
久兵衛 ㊞

同　喜　重　㊞
同　要右衛門　㊞

右御印札御渡方之儀奉願上候処、願之通御聞済被下、書面御判鑑拾枚被成御渡奉受取候、追而遣払帳可奉差上候、以上、

丑二月廿一日　右村組頭　久兵衛　㊞

韮山御役所

以上により幕末期、特に元治元年の水戸天狗党の乱の頃から、箱根関所では取り締まりが強化されていたことが判明する。

なお、慶応元年（一八六五）になっても箱根関所の印鑑改めは継続していたことが、左の二点の史料で確かとなる（『箱根関所史料集』三、四〇六～四〇七頁）。

乍恐以書付奉願上候

当御支配所箱根宿役人共両人、甲州山梨郡迄、宿方御賄用向ニ付罷出候間、其筋御関所御印紙頂戴被仰付被下置候様奉願上候、以上、

慶応元丑年十一月　箱根宿　問屋　治五右衛門　㊞

韮山御役所

右御印札四枚被成御渡奉請取候、以上、

丑十一月廿二日　右　治五右衛門　㊞

右の史料は、箱根宿の問屋治五右衛門が甲州山梨まで所用で出向するときの印鑑願いである。

乍恐書付ヲ以奉願上候

当御支配所豆州賀茂郡本郷村百姓仲右衛門奉願上候儀は、江戸八丁坂二丁目高野屋徳五郎方に身寄之者相勤罷居候処、今般病気ニ付、右徳五郎迄参候間、何卒箱根御関所御通被為遊候様、御印鑑乍恐奉願上候、以上、

本郷村
仲右衛門　㊞

慶応元丑十一月

豆州賀茂郡
網代村
名主
又　蔵　㊞

韮山
御役所

右御印札四枚被成御渡奉請取候、以上、
同月廿一日　同州同村
又　蔵　㊞

二点目は、賀茂郡本郷村の百姓仲右衛門が江戸八丁坂の高野屋徳五郎方へ病気見舞いに行く際の印鑑願いである。このような印鑑交付願いは、他に数点が残存している。

やがて慶応四年になると、左のとおり薩長を主力とする討幕軍の先遣隊が箱根関所まで到達する。二月二十九日付「箱根関所御用留」の記事を見ると、箱根関所を薩摩藩へ引き渡していたことが明らかとなる（『箱根関所史料集』二、七九〜八〇頁）。

二月廿九日

御関所薩州藩江
引渡ニ相成候事、

三月四日昼ゟ
尾張様
吉川小平次

三月五日夕ゟ
細川様
木造左門

廿九日昼番
三輪六郎
和田権五郎

一番分隊　同日夕ゟ
平士小頭
相良八郎兵衛　備前様　安場一平
寺本太右衛門
河野喜八郎　吉海市之丞
二番分隊
同夜四ツゟ八ツ時迄　平山了介
伊集院権右衛門
三番分隊
八ツゟ夜明迄　伊地知惣吉
堀　与八郎
四番分隊
松方長作
隊長　鈴木武五郎

相州箱根関所之儀は、是迄徳川支配来候処、慶喜儀ハ朝敵之巨魁と相成、既ニ御親征被仰出候、就而は右関所要衝之場所ニ有之、今般改而其許江固メ申付候間、往来之人々相改メ、若賊徒相見候節は迅速打取、猶此上可抽忠勤候事、

辰二月
副将　前光
総督　実梁

大久保加賀守殿

（立木氏蔵「箱根関所御用留抜粋」慶応四戊辰年二月より）

それから三月二日付の記録を見ると、箱根関所は薩摩藩士の支配下に置かれ、左の徳川家大名、旗本、それに芝増上寺の僧侶は通行が制止されたことが明らかとなる（『箱根関所史料集』二、八〇頁）。

一、兼而薩藩ゟ沙汰有之候通行不相成諸侯、左之通、
　内藤紀伊守　　松平左衛門尉　　本多能登守
　井伊右京亮　　秋元但馬守　　松平中務大輔
　久世讃岐守　　間部下総守　　黒田筑後守
　大岡主膳正　　増山対馬守　　板倉摂津守
　黒田甲斐守　　松平大学頭　　稲葉美濃守
　榊原式部大輔　　土屋釆女正
右之外、御旗本不残通行不相成、
芝増上寺僧不残同断之事、
酒井左衛門尉并分家共、是又不相成候事、

また、三月八日付の記録を見ると、関所定番人は親征軍の支配下に置かれたが、これまでどおり関所警衛の任務に従事していたのである。

そして慶応四年三月十三日の記録（『箱根関所史料集』二、八二頁）を見ると、静寛院宮の使いとして上﨟おふちなど四人が橋本少将への使いとして通行していたことがわかる（『箱根関所史料集』二、八二頁）。

　十三日
一、静寛院宮様ヨリ橋本少将様江御使、

上臈おふち・御使番弐人・御召仕壱人・侍共四人登り通行、

手　形

松平興次郎家族

八十三人

右参州西郡江帰邑候条、無滞可被通者也、

三月十三日

先鋒総督府

参　謀印

やがて慶応四年三月二十四日になると、つぎのような高札文が先鋒総督名で下付されている（『箱根関所史料集』二、八三～八四頁）。

覚

一、御規定

但、御高札ニ致度候事、

一、御条目

一、宮様・諸門跡様其外都而堂上之御方々様、御通行之節、下座等如何相心得宜敷御座候哉、御駕籠之戸は披為引候儀と奉存候、

附、諸侯方通行之節、御官位之次第ニ寄、下座仕候儀は御座候哉、

一、農商之儀、一様見紕之上更不及訊問、尤間諜と見受候得ば召捕候様御沙汰候処、上下多人数通行之義ニ付、手形等致持参候様仕度、万一持参無之者は篤と相糺候上、差通可致候事、

一、諸藩中は勿論、手形持参仕候儀と奉存候、

一、外国人之儀は如何相心得候而宜敷御座候哉、
一、諸藩士御関所通行之節、鎗伏候様仕度候事、
一、大和惣（総）督府御参謀方印鑑、其外所々同様印鑑持参ニ而追々通行茂有之候得共、印鑑引合不及差通候而宜敷
御座候哉、
右之条々奉伺候、以上、
　辰三月　　　　　　　　箱根御関所
　　　　　　　　　　　　御番士
右之通相伺候処、左之通、

　　返達書
一、関門通行之儀ニ付、積書之趣相伺候処、左之通、
　　第壱・二条
御親征中、関門之規定肥藩より伺出、夫々御指図有之居候得ば、差向別段ニ御条目等御渡無之との旨ニ候、
　　第三条
宮・堂上方・諸侯伯御通行之節、
御親征中関門警衛之士下座ニ不及、尤前以通行之段は答有之事ニ付、駕戸引候ニ不及との旨ニ候、
　　第四条
正邪之弁は愈々厳重たるべく、農商無弁之者往来之取扱は、苛察ニ無之様との旨ニ候、
　　第五条
書面之通ニ候、

第六条
外国人故なく通行無之筈ニ候得共、万一之節は時宜ニ随ひ差留置、早々被相伺候様との旨ニ候、
第七条
御親征中出兵之外、書面之通、
第八条
大総督并向々通議之上御指図可有之候間、差向通行之族は精々糺明之上、異状無之見切候ハ、通行差免し可然との旨ニ候、

三月廿三日　　先鋒総督参謀

右には先鋒総督参謀から箱根関所への規定・条目に関する八か条の高札が下付されたが、これに対する関所の返達書には、八か条にわたる関所役人の基本方針について、つぎのとおり明記されている。


第一・二か条では、親征中の関門については肥前藩の指図のとおりでよい。

第三か条では、宮・堂上方の通行の際関所番人は特に下座しなくてもよい。

第四か条では、農民・商人たちの往来については苛察にならないように気を付けること。

第五か条では、書面のとおりでよい。

第六か条では、外国人については時宜により差し留め、早々伺いを立てること。

第七か条では、親征中出兵のほか、書面のとおりにすること。

第八か条には、大総督ならびに向々通行の者については精々糺明したうえ、異状が無ければ通行を認めてもよい。

以上が先鋒総督・参謀に対する返達書の要旨である（『箱根関所史料集』二、八四頁）。

次いで慶応四年四月十日付記録を見ると、東征大総督府有栖川帥宮様をはじめ惣人数二〇四人が箱根関所へ到達し、箱根宿本陣平右衛門方などへ宿泊したと記されている（『箱根関所史料集』二、八五頁）。

さらに慶応四年八月十七日付大総督府下参謀の通達を見ると、以来は旧制に復し、各藩重役の印鑑があれば通行を認めることと記されている（『箱根関所史料集』二、八五頁）。

四月十日

東征大総督府

一、有栖川帥宮様、参謀正親町様・西四辻様、錦旗奉行穂波様・川鰭様、惣御人数二千四十八人、当駅御泊、宮様御本陣平左衛門、

やがて明治二年（一八六九）正月二十日付太政官布を見ると左のとおり、箱根をはじめ全国の関所は廃止されることになったのである（『法令全書』明治二―二三）。

明治二年正月二十日　関所を廃止す

第五十九　正月廿日（布）（行政官）

今般大政更始四海一家之御宏謨被レ為レ立候ニ付、箱根始諸道関門廃止被二仰出一候事、

その後慶応四年三月十二日の記録を見ると、箱根関所は薩長を主力とする官軍の支配下に置かれていたことが明らかとなる（『箱根関所史料集』二、八一頁）。

十二日

一、久世三四郎上下七拾三人、勤王願済ニ付、知行所為取締被登候得共、家来ゟ人数書備州改之印鑑致持参候得共、官軍印鑑ニ而も無之、壱人は差通可申候間、参謀方へ被罷越、右之方ゟ證書ニ而も取り来候ハ勘弁可致趣

申聞、差戻候事、

駿州八幡村陣屋詰久世三四郎家来堀江粂蔵と申仁罷出候而、勤王御請書下書持参候ニ付、外ニ相変も無之故、

差通申候事、

久世三四郎家来ゟ差出候書付之写

證書

そして三月二日付の記事を見ると左のとおり、箱根関所は薩摩藩士の支配下に置かれ、徳川家の大名ならびに旗本、および江戸の芝増上寺の僧侶は関所通行が制止されたのである。

そして三月七日付記録によると、増山対馬守が関所へ着到したが、左のとおり通行できなかったことが判明する（『箱根関所史料集』二、八一頁）。

一、増山対馬守様今日御登り御通行之処、兼而難差通旨被仰渡有之候ニ付、其段申聞候処、勤　王願済ニ而上京

之趣相答候得共、御請とし扣其外手続之扣迄ニ而、慥成證拠無之、難差通旨申聞差戻候事、

詰物頭吉海市之丞

補論　武家の関所手形と印鑑

箱根関所の手形や文書を見ていると、必ず発給者の印鑑が押捺されている。たとえば、貞享三年(一六八六)七月十二日付の通達には、留守居酒井忠辰をはじめ四人の印鑑が押捺されている。また、元禄十四年(一七〇一)十月十二日付女手形を見ると、留守居四名の名前と印鑑が押捺されていたことがわかる。さらに享保十三年(一七二八)の鉄砲証文には、老中松平左近の印鑑が押捺されている。そして文化五年(一八〇八)四月九日付鉄砲証文を見ると、壱岐(留守居)の印鑑が押捺されていたことが明らかとなる。

こうしてみると、箱根関所の手形には必ず発給者の印鑑が押捺されていたことが確認される。関所の番人は、これら手形之発給者の印鑑と印鑑登録簿に登載されている武家等の印鑑と照合し、手形の真偽を確認し、通行を認める作業をしていたのである。

そこで筆者は以下に、箱根町立郷土資料館が保存していた手形や印鑑、それに関係文書を若干紹介し、本文の欠を補うことにしたい。

【史料1】(年不詳、『箱根関所史料集』一、二五〇頁)

一、御勘定奉行御印鑑相納候節は、十日程爰許御関所江差置また候上ニ而、御足軽使ニ相納候事、

一、御留守居御印鑑ハ、三ヶ月立払交代之節持参致相納候事、交代合ニ候へば、御足軽使之者江相納申候事、
但、当月ニ而三ヶ月ニ相成候へハ、其月廿五日頃根府川御関所江当月ニ而御印鑑三ヶ月切ニ相成候ニ付、来月交代之節相納候旨、一通掛合候事配府ニ而申遣候事、

【史料2】（年不詳、『箱根関所史料集』二、二六〇頁）

御役所御判鑑紛失願事

道中御奉行久須美佐渡守様、今般御転役被為在候ニ付、先般御渡置之御判鑑御返納可仕旨、当　御奉行　池田播磨守様ゟ以宿継被仰渡候ニ付、奉畏御返納可仕と兼而入置候御判鑑箱之内取調候処、右御判鑑弐枚之内、佐渡守様御判鑑は御座候へ共、御役所之御判鑑相見江不申候ニ付、宿役人共一同相驚、所々厳敷相尋候得共、何分ニも相見へ不申候ニ付、当惑至極奉恐入、乍去右箱之義は常封印仕置、決而紛失可仕様無御座候処、右様不相見候は、全弘化二巳年四月佐渡守様御判鑑御引替被仰出候砌、先問屋万右衛門義取扱、同人義家風心得違ニ而、御役所之御判鑑共々御返納仕候義も可有御座、外ニ心当リ之義毛頭無御座、今更恐多御義ニ御座候へ共、右之段、池田播磨守様御役所へ御詫奉申上度、書面左ニ御伺奉申上候、
此文段ヲ御詫書へ直々帳付出ス、

【史料3】（年不詳、『箱根関所史料集』一、二二四頁）

御組合中ゟ京都或は大坂江手形ニ認参候分、是迄印鑑違之趣ニ而差戻候へ共、此度両仲満《（間）》申談之上、以来ハ御組合中ゟ之手形ニ而も、大坂御城内迄と無之、大坂表衆ハ京都迄ト認候手形参候節、持参之仁江相尋、両御城

中江不参候趣申聞候へば差通申候、両御城内江入候斗、残役衆印鑑引合候心得ニ申談候、尤残役衆ゟ出候手形之分参、先無差別印鑑引合申候、

一、御勘定奉行印鑑取扱候手附手代、印鑑ニ引合方之事、手附は断ニ而も差通、手代は印鑑引合通ス、尤向ニ而も出し此方ゟも出し、互ニ見合候而手ニ不取引合する也、則御勘定奉行之印鑑持参致ス、且又御勘定奉行御両人之御名印之処、御壱人之御印鑑御改印ニ而、未タ御関所江御達無之内ニ而致持参候印鑑と引合不申候共、御両人なれハ御壱人之御印鑑ニさへ相違無之候へば、已来可相通事、

一、文政三年二月之記ニ見へたる、且又御勘定奉行印鑑引替之義は、直様年寄中江相納申候、

【史料4】（年不詳、『箱根関所史料集』一、二〇七頁）

一、御関所江御大名様ゟ御家来印鑑御頼ニ而、出居候古印鑑引替等有之候ニ付、年寄中ゟ被相渡候ハヽ、御関所江持参致候事、

　　但、頭取勤書添出候ハヽ、直ニ写取候而相納候而も、又ハ印鑑相納候節一所ニ取斗候而も可然、

【史料5】（年不詳、『箱根関所史料集』一、二一六頁）

一、諸家御大名様ゟ御家来印鑑御頼ニ而出居候処、転役名替等有之、印鑑引替之義年寄衆ゟ参候節、返報左之通、

御手紙致披見候、然者何之誰様ゟ以御使者、御家来印鑑爰許御関所江被差出由ニ而、従江戸到来ニ付、被差遣候古印鑑は追而引替可申旨致承知候、右御報申達度如斯御座候、以上、

　　月日　　　　　　　五人名前

年寄中名宛殿附

一、古印鑑相納候節ハ、新印鑑到来之旨、日数十五六日立候上ニ而年寄中江相納大概、但交代之節か又ハ二日交代之節相納ル、日数十五日余ニ而も模様次第也、是亦先様御家来急ニ出立致候仁有之節、其仁江印鑑引替之趣ニ而新印鑑持参致族事も有之、此時ハ頭取添簡持参致、右印鑑納之義右同断添簡も一所ニ相納、古印鑑相納候節、組交代なれハ為持遣ス、文段大概左之通、

以手紙申達候、然者何之誰様御家来古印鑑壱枚、兼而御定之日限立払申候間、組交代ニ付相納申候、此段申達度如斯御座候、以上、

【史料6】（年不詳、『箱根関所史料集』一、二二八〜二二九頁）

印鑑屋鋪之事

一、手形之面ニ年号ヱト日附無之候而は、通不申候事、一向無之ハ沙汰ニ不及、

一、此者ト申手形ニ而、人別何人と申事無之候而も、壱人参候へハ差通、但、両人参候而も壱人は差通候而も可然、

一、箱根と申宛無之候而ハ、難差通候事、其時之勘弁も可有之事也、乍然印鑑屋敷ニ而ハ不及論候事、

天明三年十一月・文化八年七月、其外ニも例有之、

一、御片書違并名違等ニ而も、印鑑ニ相違無之候へば持参之仁江相尋名相改候処、未タ御関所江は案内無之段申候得ば差通ス、

一、年号相違致候而も、ヱト　相違無之候へば差通ス、

文化七年二月三日記ニ見ヘタリ、
一、改元有之節、未タ爰許江被仰出無之内手形持参致候へば、持参之者江尋之上、改元ニ相違無之候へば差通ス、
其上ニ而年寄中江申達候而可然哉之事、此義寛政十二年二月十五日差通候義、日記ニ見タリ、
一、御片書無之候而も、名印ニ相違無之候へば差通ス、
文化六七月之記ニ見タリ、
一、印鑑之輪無之、中之文字相違無之候へば差通、天明六十二月十三日ノ記ニ有之、
一、此医師ト斗有之手形持参致候処、壱人ニ付差通ス、
文化七年正月十八日之記ニ有之、
一、箱根所々御改衆中と申宛ニ而茂、外ニ相違も無之候へば差通、
天保六五月廿日ノ記ニ有之、
一、文面之内ニ咎筋有之ト認有之、囚人ニ紛敷候間差戻候処、其後此方様御留守居ゟ添簡到来ニ付、差通候事、
文化八年五月十九日之記ニ有之、
一、両人名印之手形之処、一人ハ相違無之候へば、一人は未タ印鑑可被差出候へ共、一人之名印ニ引合差通ス、
文化八年六月廿九日之記ニ有之、
一、印鑑ニ相違無之候へ共、少々大キク御座候へば差通、
文化十二年五月十九日之記ニ有之、
一、年号ヌト日附無之候へば、月附斗ニ而差通、
文化十三年二月朔日之記ニ有之、

一、無手形ニ而罷越候ニ付、差戻候処、手形持参候由ニ而途中ゟ請取参候処、手形ニ相違無之候へば差通、

文政三年二月六日之記ニ有之、

一、手形惣而二ヶ月ハ相用候へ共、三ヶ月越ニおよひ候へば、一切相用不申候事、

六十六

同差戻部

一、印鑑引替之由ニ而、御領分之百姓等持参致候へば、不請取差戻ス、此旨宝暦五年六月被仰出候、町人も同断

持参致候而も請取不申候、但差戻之例、文政元七月朔日之記ニ有之、

尤、御中間抔持参致候へバ請取候事、

一、年違・ヱト違・月附無之・宛違・所々人改、此五ヶ条は差戻候事、

おわりに

以上で「第一編　箱根関所」を終わるが、同関所についてはこれまで渡辺和敏氏の「江戸幕府の関所制度の確立と機能―特に箱根関所を中心として―」（『日本歴史』三〇九号）で、箱根関所の構成、定番人と人見女、箱根関所の検閲方法など考究されている。そのほか大島延次郎氏も『関所』（新人物往来社、改訂版一九九五年）で記述されているが、いずれも概説なので、なお、箱根関所は本格的な研究が待望されているように、筆者には思われた。

そこで本編では前述の渡辺・大島両氏の研究を手がかりにし、『東海道箱根宿関所史料集』一・二・三、および『箱根御関所日記書抜』上・中・下や、箱根町立郷土資料館に残存していた史料を中心としてできる限り研究を進め、第一章では箱根関所の沿革と関所番人について、第二章では鉄砲改めの制札と実態について、近世中後期の鉄砲証文を提示して明らかにした。

また、第三章までは幕府の法令や通達、あるいは関所手形を提示し、箱根関所の女改めの全容についてできる限り明らかにすることができたように自負している。

そして第四章の町人・百姓の男改めでは、これまで先人の研究ではほとんど看過されていた男改めの実態について、近世後期の関所手形を提示して明らかにした。

さらに第五章の幕末維新期の箱根関所の動向では、薩長を中心とする東征軍の接収の実態についてかなり明白にできたように考えている。

なお、補論として、武家の関所手形と印鑑について、関係史料を紹介しておいた。

最後に本編ではなお未解明の点もあろうかと思われるが、今後の研究を期待し、稿を閉じることにしたい。

第二編　箱根路脇往還の関所

はじめに

箱根路脇往還の関所五か所、根府川・矢倉沢・仙石原・川村・谷ヶ村については、これまで渡辺和敏氏が『東海道交通施設と幕藩制社会』（岩田書院、二〇〇五年）の第十一章「箱根関所の北方に配置された裏関所」で関所施設や通行人の検閲それに関銭十分の一徴収などについてかなり詳細に論述されているが、なお、未開拓の分野も残されているように思われるので、この際『東海道箱根宿関所史料集』一～三や、『南足柄市史』3 資料編近世(2)、それに箱根町立郷土資料館蔵の史料などを提示し、脇往還関所の全容をできる限り追究してみたいと考える。

第一章　脇往還関所の沿革

まず最初に、これら五か所の関所の位置について明らかにしておきたい。

図1に示したとおり、根府川関所（現小田原市根府川）は箱根関所の東南の相模灘に面した海岸に設置されていた。

つぎに仙石原関所は箱根関所の北方箱根裏街道に設置された足柄上郡の関所（現足柄下郡箱根町仙石原）、矢倉沢関所はさらに北方の足柄道に面した関所（現南足柄市）、川村関所と谷ヶ村関所はそのさらに北方の駿河道に配備された関所（足柄下郡）で、これら小田原領の関所はいずれも箱根関所を補完するための重要な関所であったと考えられる。

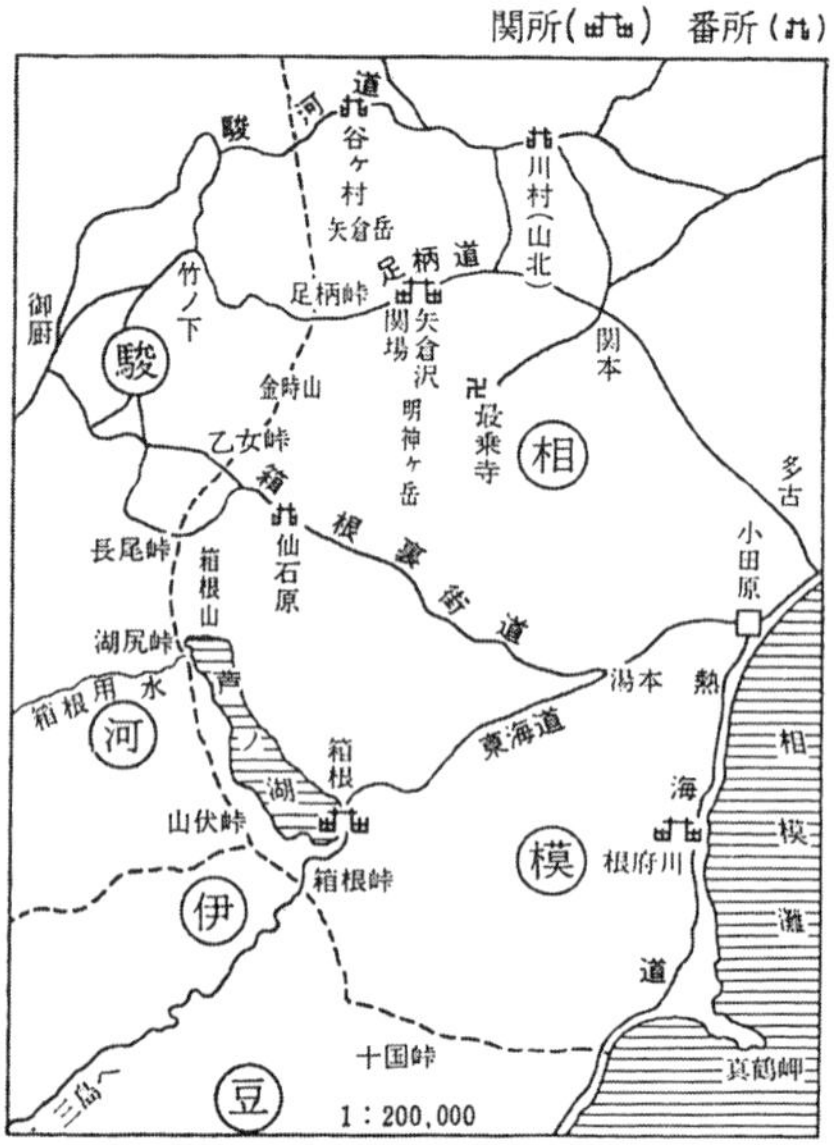

図1　小田原藩の関所・番所配置図（双川喜文「東海道の関所」『日本歴史』295から転載）

そこで、つぎに貞享三年（一六八六）三月付小田原藩預り関所六か所の書留史料を左に紹介し、関所を囲繞する柵木の間数、備付の武器、定番人の人数などにつき明らかにしてみよう（『幕府法令　上』二四四～二四八頁）。

書留

（前略）

一、御関所六ヶ所他国江之口ゟ

箱　根東海道 従二小田原一四里西

矢倉沢駿州御厨江之道 従二小田原一三里半北西ノ方江ヨル

仙石原駿州御厨江之道 従二小田原一五里西

根府川豆州東浦迄之道 従二小田原一二里西

川　村駿州御厨江之道 従二小田原一四里西

谷ヶ村駿州御厨江之道 従二小田原一四里半西

右御関所以後請書物其儘附置申候、并道具数引渡帳ニ書出しニ付而記レ之不レ申、此道具之分其儘附置候故、紋所附不レ申候、

一、御関所柵木在ゝ江申付間数

箱　根　柵三百六間駿州御厨領ゟ人足・柵木為レ出候、

根府川　柵百三間相州西郡村ゝゟ人足・柵木為レ出候、

矢倉沢　柵七拾弐間駿州御厨領ゟ人足・柵木為レ出候、

川　村　柵弐百三拾七間右同断、

仙石原　柵百弐拾間右同断、

谷ヶ村　柵八拾壱間右同断、

右損次第度ゝニ修復申付候、尤奉行申付候、

（中略）

一、箱根番人　侍四人　内物頭壱人　定番三人　足軽拾壱人　内小頭壱人　中間弐人
弓　五張　但、小道具共
銕砲拾挺　但、小道具共
此二色関所附
長柄拾本　大身鑓五本　三ッ道具壱組　幕壱走箱入　外ニ壱走遣置　紺地
棒拾本　大挑（提）灯六張　箱挑灯五張

一、根府川番人　侍弐人　定番三人　足軽弐人　中間壱人
弓　三張　但、小道具共
銕炮五挺　但、小道具共
此二色関所附
長柄三本　大身鑓三本　紺地幕壱走箱入　棒五本
大燈（ママ）灯弐張　箱挑灯弐張

一、矢倉沢番人　侍弐人　定番三人　足軽弐人　中間壱人
弓　弐張　但、小道具共
銕砲五挺　但、小道具共
此二色関所附
長柄三本　大身鑓弐本　三ッ道具壱組
平大白地之幕壱走箱ニ入　棒三本

大挑灯壱張　箱挑灯弐張
外裏番所　鉄砲壱挺　関所附長柄壱本　棒一本
一、仙石原番人　侍壱人　定番弐人　足軽弐人　中間壱人
弓　弐張　但、小道具共
銕炮三挺　但、小道具共
此二色関所附
長柄三本　三ッ道具壱組　棒三本
平大白地幕壱走箱ニ入　大挑灯壱張
箱挑灯弐張
一、川村番人　侍壱人　定番弐人　中間壱人
弓　壱張　但、小道具共
銕炮弐挺　但、小道具共
此二色関所附
長柄三本　三ッ道具壱組　棒三本
平大白地幕壱走箱ニ入　大挑灯壱張　箱挑灯弐張
一、谷ヶ村番人　侍壱人　定番壱人
弓　壱張　但、小道具共
銕炮壱挺　但、小道具共

此二色関所附

長柄弐本　三ッ道具壱組　棒弐本　箱挑灯壱張

（中略）

一、御関所六ヶ所定番人

箱　根

七石弐人扶持　立木市左衛門　六石五斗弐人扶持　塚本八右衛門

五石弐人扶持　井上伝左衛門　人見女弐人　銀壱枚弐人扶持充遣レ之、

根府川

五石五斗弐人扶持　田中政右衛門　五石五斗弐人扶持　森本専右衛門

五石五斗弐人扶持　都筑此右衛門　人見女三人ニ金壱歩（分）充、

矢倉沢

五石五斗弐人扶持　庵原九兵衛　五石弐人扶持　小林武左衛門

五石弐人扶持　桜井九郎右衛門

仙石原

五石五斗弐人扶持　石村五右衛門　五石弐人扶持　勝俣伝左衛門

川村

七石三人扶持　露木善兵衛　五石四人扶持　軽部伝左衛門

谷ヶ村

壱石八斗五升弐人扶持　岡部治左衛門

（『神奈川県史』資料編4―一六七、稲葉家引送書）

見られるとおり、右には箱根をはじめ脇往還五か所の関所番人数、番人の名前と扶持米、関所常備の武器、人見女の人数と手当金、それに関所の周囲に設置された柵木の間数などが明確に記載されている。

そこで、さらに正徳元年（一七一一）五月の箱根・根府川・矢倉沢関所の定書を紹介してみると、つぎのとおりである（『神奈川県史』三六四頁）。

相摸国
　箱　根
　根府川
　矢倉沢
定

一、関所を出入る輩、笠・頭巾をとらせて通すへき事、
一、乗物にて出入る輩、戸をひらかせて通すへき事、
一、関より外に出る女ハ、つふさに証文に引合せて通すへき事、附、女乗物にて出る女ハ、番所の女を差出して、相改むへき事、
一、手負死人并不審なるもの、証文なくして通すへからさる事、
一、堂上の人々諸大名の往来、かねてより其聞えあるハ沙汰に及す、若不審之事あるにおゐては、誰人によらす改むへき事、
右条ゝ厳蜜《ママ》に可相守者也、仍執達如件、

正徳元年五月　日

奉　行

（「御触書寛保集成」七一）

右によると、三関所の通行人は笠・頭巾を取ること、乗物で出入りする人には戸を開かせること、通行する女には人見女に改めさせること、手負い・死人あるいは不審な人物は、証文があれば通してもよいこと、堂上（公家）や諸大名は特に改めをしないこと、もし不審があれば改めをすることなど、五か条の規制文が記されている。

それからもう一点、延享三年（一七四六）八月付「諸関所覚」を紹介してみると、つぎのとおりである（『神奈川県史』三五七〜三五八頁）。

延享三寅年八月　諸関所覚

相摸国

河村　駿府江之抜道

同

谷ヶ村　同　大久保《（忠興）》加賀守

同

仙石原　同

高札有之、

一、此三ヶ所者他国之者一切相通不申候場所ニ而御座候故、高札之写も相建不申候由、相州奥山家筋、又者駿州江罷越候道筋ニ而御座候、他国之女之儀不相通、尤領分之女者加賀守家老之判鑑ニ而相通候由、

一、夜中一切不相通、

一、武具・鉄炮・弓一切不相通候由、

相摸国

矢倉沢　　　　大久保加賀守

高札無之、

駿府江之脇道

一、箱根・根府川之高札之写建置候由、

一、此矢倉沢を通り駿州江出候女一切相通不申候由、

但、加賀守領分相州ゟ江府村江通候女ハ、加賀守家老判鑑ニ而相通候由、

一、夜中一切不相通候由、

一、武具・弓・鉄炮相改申候、鉄炮壱挺ニ而茂相通不申候、弓之儀ハ二三張者相通候由、

但、矢倉沢ニ而弓・鉄炮相改候義、駿州江之脇道ニ而平生武家之往来之場所ニ而無御座候故、弓・鉄炮通候時者相改申候由、

一、矢倉沢関所之裏通りニ抜道有之候得者番所建置、一切旅人相通不申候由、

相摸国

鼠坂　　　　御代官所

同

青野原

高札無之、

一、他所之女一切相通不申候、男ニ而も不目知者ハ相通不申候由、
　　但、津久井領之女ハ親類縁者有之、見知候者ニ候得者相通候由、
一、武具類一切相通不申候由、
一、鼠坂脇道奥畑下川通りニ而も鼠坂同前ニ女并武具・鉄炮相通不申候由、
（国立公文書館蔵）

これを見ると、河村・谷ヶ村・仙石原の三関所では他国の者は一切通さず、他国の女も一切通さず、領分の女は小田原藩家老の判鑑がある手形で通行を許可していたことがわかる。また、夜中の通行は認めず、さらに武具・鉄砲・弓も一切通行を禁止し、鉄砲は一挺でも通行は許可していなかったことが注目される。

さらに矢倉沢関所について見ると、矢倉沢を通って駿河方面に行く出女は一切通さず、小田原藩領の相州から江府村に行く女は、小田原藩家老の印判があれば通行を認めていたと記されている。

次いで時代はやや下るが、明和九年（一七七二）の根府川関所の覚書を紹介してみよう（『神奈川県史』三五九頁）。

〇和令分類十一上より
同年（明和九年）
　相摸国
　　根府川　　　　　　　　大久保加賀守（中顕）
　　　但高札有之、去卯年朝鮮人来聘之節文言相改り建直り申候、
江戸ゟ出ル
一、名目箱根之通、
　　右之通相改御留守居方証文ニ而相通候由、

一、夜中往来とも不相通候、
一、弓・鉄炮従　公儀改候様ニ而、被　仰出候御書付ハ無之候得共、鉄炮九挺迄ハ加賀守江断改有之相通ス、拾
挺已上ハ
公儀御証文を以相通ス、弓九挺まてハ無構相通、拾挺以上ハ　公儀御証文を以相通ス、此外之武器改無之、但
半弓尻籠ハ多少無構相通候由、
但、箱根ニ而者弓・鉄炮不相改候処、此根府川者箱根之脇道ニ而候処、古来ゟ弓・鉄炮改候儀者根府川之義ハ
豆州江湯治と罷越候武家通候迄ニ而、平生武家之往来無之場所ニ候故、弓・鉄炮通候得者先規より改申候由、
（国立公文書館蔵）

右によると、根府川関所ではおおむね箱根関所と同じであるが、夜中は通行禁止で、鉄砲は九挺までは小田原藩主加賀守の許可があれば認め、一〇挺以上は公儀の証文があれば通行を許可していたむねが記されている。

近世後期に入って天保十五年（一八四四）五月二十二日付の小田原領内五か所の脇往還関所の規定と心得を記した「御関所御規定心得方書記」（『箱根関所史料集』二、七四〜七七頁）があり、脇往還五か所の規定と心得が書かれている（史料は以下の各章で紹介）。

これを見ると根府川関所では、鉄砲はこれまで通り九挺までは小田原城主大久保加賀守の承認があれば通し、一〇挺以上は公儀の証文で許可していたことがわかる。また、武家の通行については人数の多少にかかわらず、承届で通行を認めているが、女に紛敷しき者は御三家の家来でも入念に改めて通していると記されている。なお、豆州方面へ登りの出家・山伏・御師・行人・虚無僧ならびに前髪がある者は、所縁の者の手形があれば通し、手形の無い場合でも吟味のうえ、疑念が無ければ通している。それから豆州方面への登りの町人・百姓については、住居地の大屋また

は名主、所縁の者の手形があれば通している。

そのほか、座頭・猿楽・芝居者・傀儡師なども、所縁の者の手形で通していると記されている。

矢倉沢関所について見ると、箱根・根府川関所の高札の写を立てているとあり、右両関所におおむね準拠していると記されている。そして武器は一切通さないが、鉄砲は九挺までは小田原の重役の断りで通し、一〇挺以上は弓鉄砲共に公儀の証文が無ければ許さないと記されている。また女性は家老の証文で通し、下りの女性は証文が無くても通行を認め、関所一里近在の女は矢倉沢村地蔵参詣の場合は名主の手形で通している。

なお、川村・谷ヶ村関所は仙石原関所におおむね同様であると記されている。

以上が小田原領内脇往還五か所の制札ならびに覚書からみた通行査検の大要であるが、これら脇往還の関所はおおむね箱根関所に準拠していたように思われるが、武器特に鉄砲改めについては箱根関所よりなお一層きびしく対処していたように考えられる。

第二章　根府川関所

根府川関所に関するもっとも古い文献としては、慶長十九年（一六一四）正月二十八日付のつぎのような記録がある（『箱根関所史料集』三、四〇八頁）。

一、ねぶ川人留之儀、如此以前かたく可申付候、たとへ小田原□（虫喰）とも本多佐渡守殿手判にてとをし可申候、少も油断ニおゐてハ急度曲事ニ可申付者也、仍而如件、

慶長拾九年
　正月廿八日　（老中）安　対馬（花押）
　　　　　　　　　　青　伯耆（花押）
　　　　　　　　　　内　若狭（花押）

ねぶ川
　人改衆中

これを見ると、箱根関所が開設された元和五年（一六一九）より五年も遡った慶長十九年には、東海道に関所が存在していたことが判明する。

また、貞享三年（一六八六）三月付小田原藩関係の書留（『幕府法令　上』二四四〜二四八頁）によると、根府川は東海道小田原宿の西方二里（八キロメートル）の位置にあたり、関所を囲繞する柵の間数は一〇三間（およそ一八七メートル）で

あったと記されている。

さらに元禄三年（一六九〇）小田原家中から根府川関所番人あての「覚書」を見ると、つぎのように記されている（『箱根関所史料集』三、四〇九〜四一〇頁）。

覚

一、根府川村女之通路

江浦村
岩　村
真鶴村
土肥村

右四ヶ所へ当分令通候儀ハ、名主請負ニ而通路可申付事、
右四ヶ所へ縁付ニ而通候節ハ、年寄共判形之手形ヲ以通可被申事、
附、奉公人之儀ハ、召抱之主人方ゟ召抱之もの証文為致、且又奉公人之親類共并其村之名主・組頭ゟも奉公ニ差出候もの証文為致、其上ニ而通し可被申事、

一、右四ヶ村之外、伊豆筋之御領分江遣候節ハ、六歩共判形之手形を以通し可被申事、
右之趣自今已後可被相心得事、

元禄三年午二月廿一日　　御家中拾五人

根府川御関所御番人中

これによると、小田原藩領江浦村（現小田原市江之浦）・岩村・真鶴村・土肥村を通行する女は、名主・年寄などの

印判が必要であったことがわかる。

それから右四か村へ縁付になり通行する際は、年寄の判形手形をもって通行を認めること、奉行人の通行は親類やその村の名主・組頭の証文が必要であったことなどが記されている。

また、根府川関所の番人は、先述の貞享三年三月付の書留によると、侍弐人、定番三人、足軽弐人、中間壱人で、弓三張、鉄砲五挺であった(『幕府法令 上』二四六頁)。

さらに第一章で掲げたように、明和九年(一七七二)「根府川関所覚書」(『神奈川県史』三五九頁)を見ると、根府川関所では夜中の通行は禁止で、鉄砲は九挺までは加賀守(小田原城主大久保氏)の承認があれば通行を許可したが、一〇挺以上の場合は公儀の証文が必要であったことが認知される。

それから正徳三年(一七一三)六月付、根府川村名主・組頭・百姓代から小田原藩役人あての口上書を見ると、つぎのように記されている(『箱根関所史料集』三、四一〇～四一一頁)。

乍恐以書付奉願候御事

一、当村之義、御関所并御林・御石丁場御座候而、諸事御用多ク御座候ニ付、当村に御奉行様方御越之節、内夫人足前々ゟ石橋村・米神村・当村・江浦村四ヶ村ニ而相勤申候、然所石橋村之儀、近年月高ニ被為仰付、諸役御免之由ニ而内夫出シ不申候、其後三ヶ村ニ而相勤申候、

一、去々卯ノ三月、大殿様為御用富永市左衛門様、当村に御越被成、根府川飛石山ゟ浜出被成候、其節も米神村・当村・江浦村三ヶ村ニ而内夫相勤申候御事、

一、同月、山方御役人矢嶋市野平様内竹御用ニ付、当村御林ニ而御伐らせ被成候、其節も米神村・当村・江浦村三ヶ村ニ而内夫人足相勤申候御事、

一、御献上御橋石舟積ニ付、篠崎直左衛門様・野崎半野右衛門様・富永市左衛門様去々卯ノ四月十三日当村に御越被成候ニ付、十四日ニハ当村ゟ内夫相勤、十五日ニハ江浦村ゟ内夫相勤申候、十六日ニ米神村に申遣候得ば、前々ゟ内夫出不申候直申越、其日ニ米神村ゟ江浦村へ相談ニ人遣申合、其節ゟ内夫出シ不申候御事、

一、米神村ゟ源三郎と申者壱人、江浦村ゟ伊左衛門と申者壱人、右両村ゟ去ル四月廿八日ニ当村に使ニ差越申候口上、近日、御関所御普請御座候由承候、御奉行様御越之節、内夫人足前々ゟ差出申候得共、此度ゟ御役所様御差紙不参候而ハ、内夫人足出不申候間、左様可相心得由申越候御事、

右之通去々卯ノ三月迄ハ当村江御越被成候御奉行様方江内夫人足、前々之通度々無滞相勤申候所ニ、同四月ゟ内夫人足出申間敷由申候、当村之儀ハ方々御用多ク難儀仕罷有候、乍恐御吟味之上、前々之通内夫人足差出申候様ニ被為仰付被下置候はゞ難有可奉存候、以上、

正徳三

巳ノ五月十四日

根府川村

名主　長十郎　印

組頭　次郎兵衛　印

百姓代　平三郎　印

〆、五枚之内

大津善左衛門様

北田惣左衛門様

これを見ると根府川村外三か村では、関所施設の維持・修復などの労役が負荷されていたことが明らかとなる。

さらに天保十五年(一八四四)五月二十二日付で勘定奉行石河土佐守(政平)あてに差し出した「御関所御規定心得方書記」(『箱根関所史料集』二、七四～七五頁)に記載されている根府川関所の規定を、やや長文になるが左に紹介して

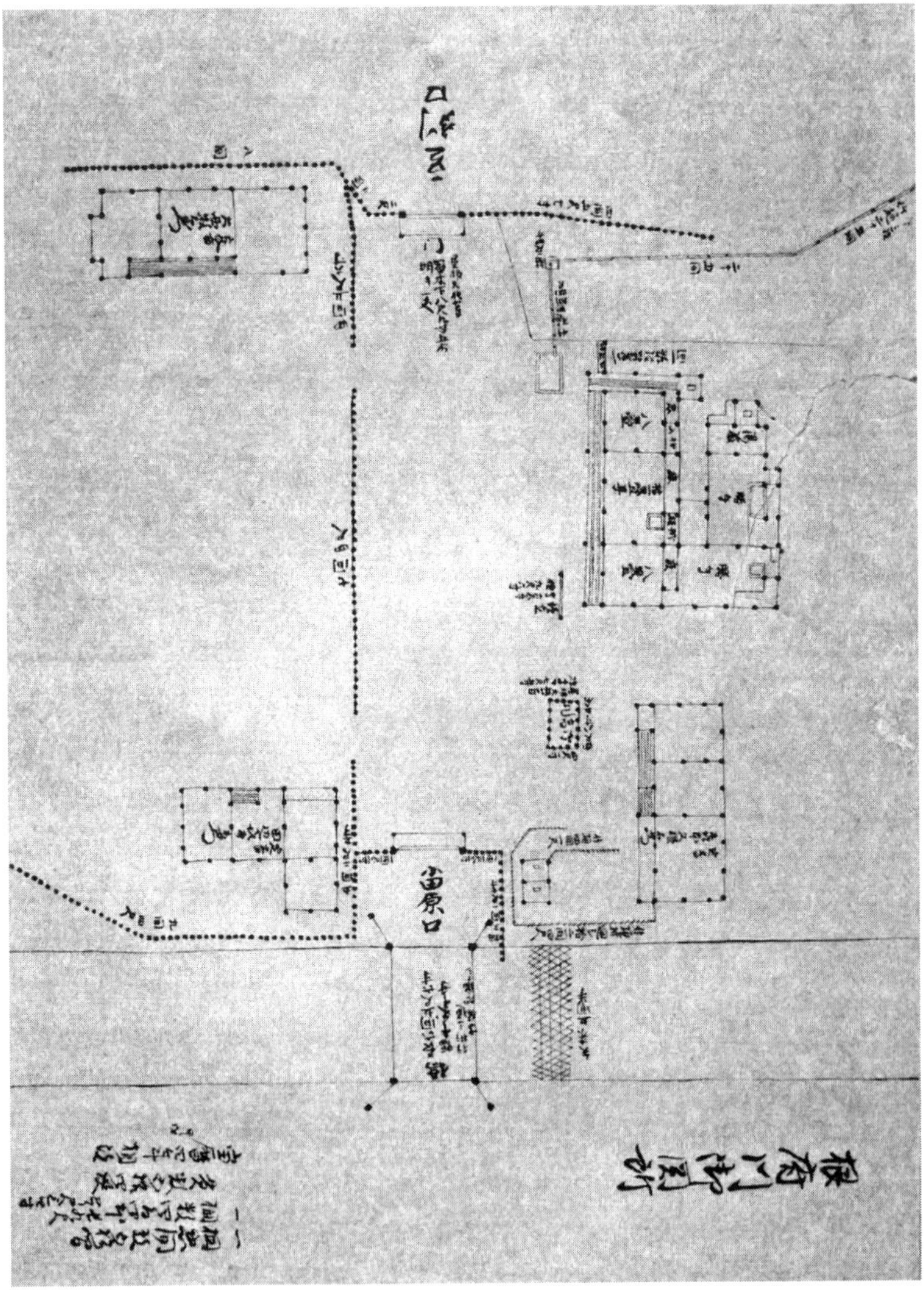

図2　根府川関所の図（箱根町立郷土資料館蔵）

みよう。

一、四ヶ条前同断ニ付、略ス、

一、鉄砲通方之義、加賀守へ御断御座候得ば、其段御番人江申来候間、九挺迄ハ相通申候、断なくてハ一挺も相通不申候、十挺ゟハ

公義御證文ニ而相通申候、

一、弓通方之義、九張迄ハ無構相通シ申候、十張ゟハ

公義御證文ニ而相通申候、

一、半弓・尻籠等ハ無構相通申候、右鉄砲弓通方之儀、御定書等も無御座候得共、前々ゟ申伝改来候、其外武具改之儀、往来共先規ゟ相改不申候、

一、豆州筋へ登り候御直参之外、御三家様之侍下々迄、人数多少ニよらず、不及手形断承届相通申候、乍然前髪有之ものゝ内、又ハ坊主之内、女ニ紛敷相見へ候ものハ、御三家様御家来ニ而も御番所に寄入、入念改相通申候、其外御大名様方・御旗本様方之内、御家来之判鑑根府川御関所江参り居候分ハ、持参之手形引合相通申、判鑑不参之御方様ハ、同御家来ゟ之手形持参仕候得ハ、其手形之趣相改相通申候、又ハ手形持参不仕候ものハ遂吟味、不審之躰無御座候得ば、承届相通申候、

一、御大名様方御家来手形持参無之候而も、鑓為持候分ハ断承届、不審之躰無御座候得ハ相通申候、

一、豆州筋へ登り候出家・山伏・御師・行人・虚無僧并前髪有之ものハ、所縁之ものゟ手形持参仕候得ハ相通申候、又ハ手形持参不仕候ものハ遂吟味、疑敷義も無御座候得ハ相通申候、右之者共之内、紛敷相見へ候ものハ、手形御座候而も御番所へ寄せ、入念相改相通申候、

一、豆州筋へ登り候町人・百姓ハ、其所之大屋・名主又ハ所縁之者ゟ之手形持参仕候ニ付、改相通申候、又ハ手形持参不仕候者ハ遂吟味、不審之躰無御座候得ハ相通申候、右之通前々ゟ相改来候、

一、盲女并ごぜ豆州筋へ罷通候義、只今迄覚不申候、自今豆州筋ゟ罷通候ハヽ、御留守居様御證文ニ而相通可申心得ニ而罷在候、豆州筋ゟ入候節ハ不及改相通申候、

一、座頭之義ハ、其所之大屋・名主又ハ所縁之ものゟ手形持参仕候得ハ、改相通申候、又ハ手形持参不仕候得ハ遂吟味、不審之躰無御座候得ハ相通申候、

一、豆州筋へ登り候猿楽并芝居者・傀儡師類ハ、所縁之ものゟ之手形持参仕候得ハ、改相通申候、又ハ手形持参不仕候へハ、遂吟味不審之躰無御座候得ば相通申候、右之通前々ゟ相改申候、右之通ニ御座候、

右条文は一一か条にわたるが、そのうち特に重要と思われる条文だけ取りあげて説明する。

まず第二か条の鉄砲に関する条文を見ると、小田原藩主大久保加賀守の承認があれば九挺までは通すが、一〇挺以上は公儀の証文があれば許可する、と記されている。

第五か条には、伊豆方面への登りの武家で直参・御三家の侍は、人数の多少にかかわらず手形が無くても届け出があれば通す。また、大名・旗本の家来でも判鑑と引き合わせて通している。もし、判鑑が無くても吟味のうえ不審が無ければ許可している。

第七か条では、豆州方面への登りの町人・百姓については、その所の大屋・名主または所縁の者の手形を持参すれば通している。また、手形が無くても吟味のうえ不審が無ければ通している。

右のとおり、根府川関所では通行査検を実施していたことが明らかとなる。

そして最後に、文政元年（一八一八）の熱海入湯のため根府川関所を通行した際の、会津領相州三浦郡桜山村清七の

関所手形を左に紹介しておこう（『神奈川県史』三七三頁）。

差上申手形之事

清　七

右之者病気ニ付、豆州熱海江入湯ニ罷越申候節、御関所無二相違一御通可レ被レ下候、為二後日一手形仍而如レ件、

文政元寅ノ年九月

会津領
相州三浦郡桜山村
名主
孫右衛門

根府川
御関所

御当番衆中様

以上で根府川関所通行査検の説明を終わることにしたい。

第三章　矢倉沢関所

第一節　矢倉沢関所の沿革

矢倉沢関所は現在の南足柄市矢倉沢に設置されていた関所で、甲州道中と東海道を結びつけていた足柄道に設置されていた脇往還の関所ではかなり重要視されていた関所である。

そこでまず矢倉沢関所でもっとも古い寛永二十一年（一六四四）の制札について紹介してみると、つぎのとおりである（『南足柄市史』四八九頁）。

定

一此関所を通罷上之輩、番所之前にて笠・頭巾可レ脱事、

一乗物にて通面々は、乗物之戸をひらくへし、但女乗物は番之輩指図にて、女に見せ可二相通一事、

一公家・門跡衆・諸大名参向之時は、前廉《まえかど》其沙汰可レ在レ之間不レ可レ及レ改レ之、自然不審之儀あらは可レ為二各別《格》一事、

右可レ相二守此旨一者也、仍執達如レ件、

寛永廿壱年　奉行

右之趣被レ仰二遣之一也、

（京都市伏見区稲葉神社蔵）

この制札を見ると、その第一か条では関所を通行する人は番所の前で笠・頭巾を取ること、第二か条では乗物（駕籠）で関所を通る人は戸を開くこと、女乗物の場合は関所番人の指図で女改めをすること、第三か条では公家・門跡・諸大名については予めその沙汰があるので改めをしないこと、特に不審がある場合は改めをすること、以上の三か条が関所改めの重要な点であったことが明らかになる。

なお、この制札文は寛永二年八月二十七日付で諸国の関所に発布された関所高札とほぼ同文であったことが明らかである（『幕府法令　上』九〇頁参照）。

次いで、貞享三年（一六八六）「小田原藩預り関所関係書留」（『幕府法令　上』二四四～二四五頁）を見ると、つぎのとおり脇往還関所の箱根・小田原からの距離が記されている。

1、根府川が小田原の西二里

2、矢倉沢が小田原の北西三里半

3、仙石原が小田原の西五里

4、川村が小田原の北四里

5、谷ヶ村が小田原西四里半

また、関所を囲繞する柵木について箱根が三〇六間、根府川が一〇三間、矢倉沢が七二間、川村が二〇七間、仙石原が一二〇間、谷ヶ村が八一間とある。

なお、矢倉沢の番人は、侍二人、定番三人、足軽二人、中間一人で、武器は弓二張、鉄砲五挺、そのほか長柄三本、大身鑓二本、三ツ道具一組と記されている。

第二節　矢倉沢関所の通行人改め

前節では脇往還関所の沿革と制札について述べてきたが、本節では脇往還関所でもっとも重要視されていた矢倉沢関所の通行人改めについて、明らかにしてみたいと思う。

まず矢倉沢関所についてもっとも古い寛永二十一年(一六四四)の制札については前節でとりあげたので、つぎに元禄二年(一六八九)十二月九日付小田原藩大庭武左衛門外一人から矢倉沢関所番人あての九か条にわたる関所改めに関する条文を見ると、つぎのとおり記されている(『南足柄市史』五五四～五五五頁)。

一、御関所登江通り候男相改申候、下り之儀者男女共相改不レ申、御先代ヨリ通来申候、
一、女之儀者御家老中証文ニ而通来申候、尤御家老中御印鑑御番所有レ之候、
一、旅人登江通り候者ハ、手形致二持参一改通シ申候、手形所持不レ仕候者者、様子承届相違無レ之候得ハ相通来申候、
一、御厨御領分之者ハ、往来共断ニ而相通シ来申候、
一、他所衆道具為レ持被レ参候衆者、仮名承届ケ相通申候、尤道具無レ之方者、手形ニ而通来申候、
一、御関所壱里近在之女、矢倉沢村之内地蔵参詣ニ罷越、立帰り分ハ、其村名主手形ニ而前々ヨリ通シ来申候、尤其村々名主印鑑取置申候、
一、御関所壱里近在之者共御厨罷越、帰之節足柄峠道筋ニ而病人・病馬等有レ之候節ハ、其村方之名主御関所江罷越、右之段相断申候時者其断聞届、夜四ツ時頃迄ハ通来申候、

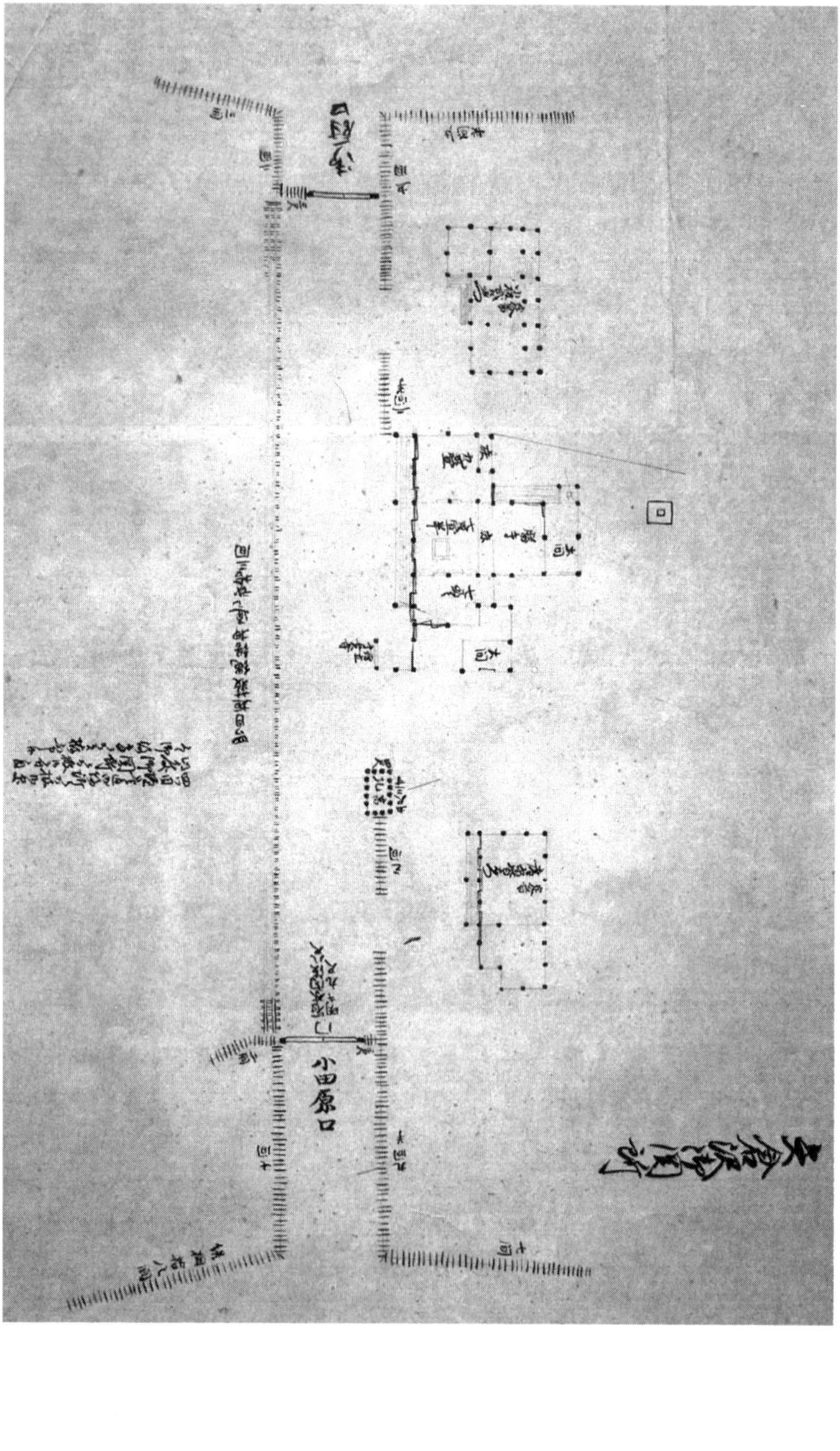

図3　矢倉沢関所の図（箱根町立郷土資料館蔵）

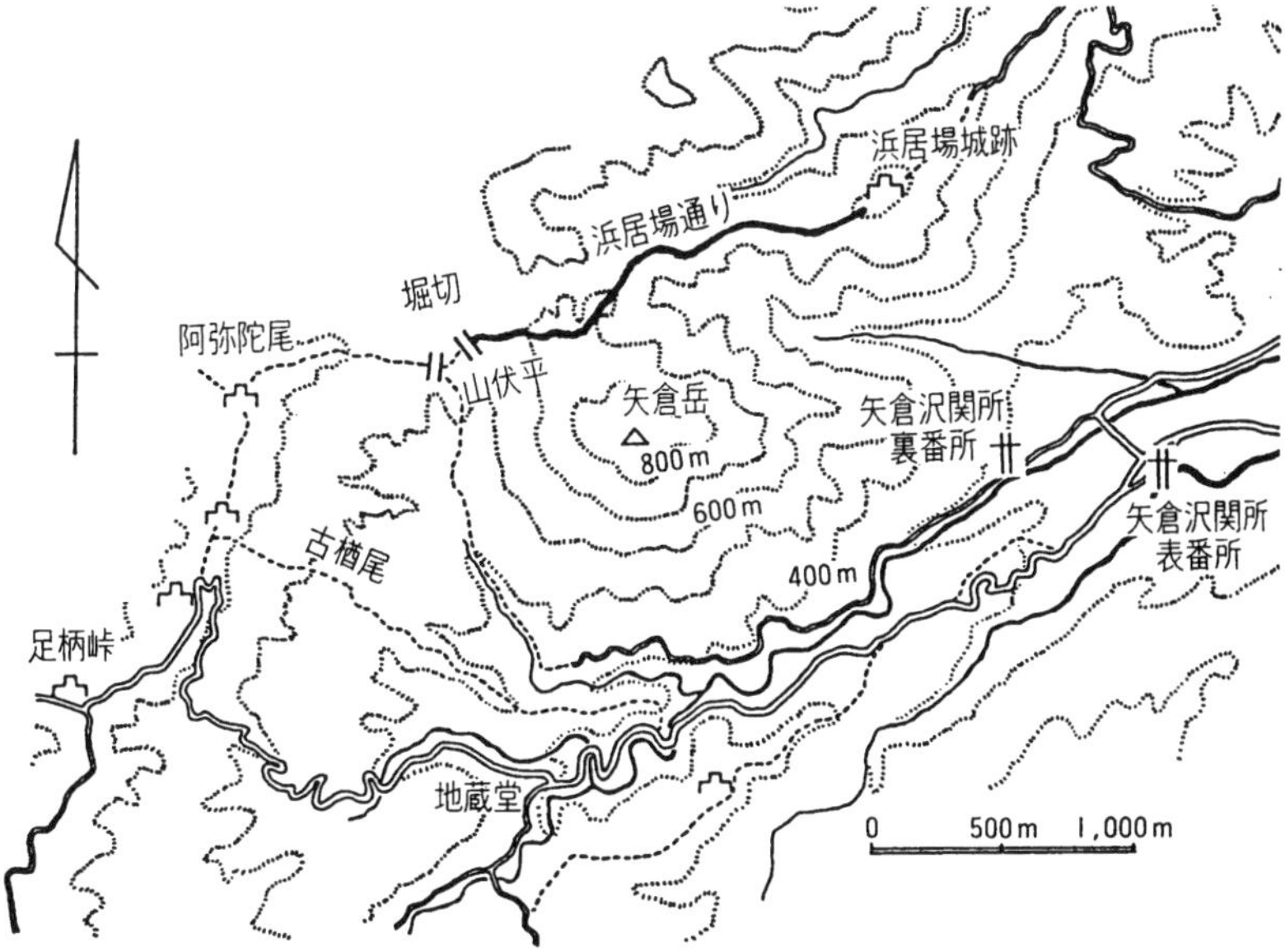

図4　矢倉沢関所(『南足柄市史3』より)

一、矢倉沢村之内ニ而御番所江縁付之女者、矢倉沢村名主手形ニ而前々ヨリ通来申候、并村内地蔵参詣之女ハ名主木札ニ而通申候、

一、爰許裏御番所、旅人又ハ御領分之者にても他村之者ハ一切通シ不レ申候、但矢倉沢村之百姓作場へ参候者計往来仕せ申候、

元禄二年巳十二月九日　大庭武左衛門印

庵原皆右衛門印

これを見ると、登り(京都方面)の男通行人は改めをし、下りは男女共改めをしなくてもよいこと、女通行人は老中証文が必要であること、御厨領分の者は往来共断わりにて通すこと、関所から一里近在の女は地蔵参詣に行き立帰りの分は名主の手形があれば通している。矢倉沢村内で番所へ縁付いた女は矢倉沢名主の手形で前々より通している。

なお最後の第九か条を見ると、旅人や他村の者は一切通行を認めていないと記されている。

さらに享保十九年(一七三四)二月付の「矢倉沢関所

通し方之覚」を見ると、左のとおり四か条の規定が記されている（『南足柄市史』五五四頁）。

矢倉沢御関所通方之覚

一、矢倉沢御関所両御門明ケ六ツ時開、暮六ツ時御門立申候、
一、為二御用一小田原ヨリ村次配符等者、地方御役所より之印形ニ而御先代ヨリ夜中通来申候、
一、矢倉沢・苅一色村・苅岩村之者共、御厨江罷越帰之節、及レ暮候得者、四ツ時頃迄ハ通シ来申候、
　是ハ御関所御要害役懸り村ニ而御座候故、前々ヨリ通来申候、
一、御家中末々迄之通方者、小田原ヨリ相渡申候御条目を以相通申候、

覚

一、矢倉沢御関所男之通路、（ママ）御番帳入之者者不レ及二手形一事、
一、御番帳外之者ハ、御用人共手形ニ而通し可レ被レ申事、
　附頭支配方之分者、頭支配方之判形にて通し可レ被レ申事、
一、懸り代官者不レ及二手形一事、
一、又者ハ、主人の手形を以通し可レ被レ申事、右之趣可レ被二相心得一者也、

享保十九寅二月

加藤孫大夫　印
孕石勘兵衛　印
岩瀬頼母　印
岩瀬左兵衛　印
大久保又右衛門　印

矢倉沢御関所
御番人中

右によると矢倉沢関所では明ケ六ツ(午前六時)に開門し、暮六ツ(午后六時)に閉門していたことがわかる。これは他の関所と同時刻である。また、小田原の御用状は地方役所の印形があれば夜間でも通している。それから、矢倉沢・苅一色村・苅岩村から御厨への往来の際は、四ツ時(午後十時)頃までは通行を認めていたことがわかる。

次いで時代は下るが、天保十五年(一八四四)五月二十二日付で勘定奉行石河土佐守あてに差し出した「御関所御規定心得方書記」(『箱根関所史料集』二、七五～七六頁)から矢倉沢関所の項を抜粋し紹介してみると、左のとおりである。

一、四ヶ条前同断ニ付、略ス、
一、従先規箱根・根府川両御関所御高札之写、建来申候、
一、右御関所御定書其外被仰渡伺済并元済無之候而も、前々ゟ仕来或ハ心得方等之事、
此義、矢倉沢御関所之儀ハ、箱根・根府川両御関所ニ准シ度、御家中鑓為持候仁ハ仮名承届相通申候、尤鑓無之仁ハ手形ニ而相通申候、并国々ゟ罷通候旅人ハ、其所名主或ハ宿屋等之手形ニ而相通申候、手形持参不仕候迚も、吟味之上相違之躰も無御座候得ハ相通申候仕来ニ而御座候、下分は改不及相通申候、
一、男女首・死骸・囚人其外何品ニ而も、通行之節、主人并家来證文等ニ而相通候訳、且口断ニ而相通候品々、尤出入ニ而改方差別可有之、都而不依何事御関所心得方之義、巨細承知致し度候事、
此義、於矢倉沢御関所男女首・死骸・囚人其外何品ニても、是迄御主人御家来之證文ニ而相通候義無御座候、且口断ニ而相通候品々、一切無御座候、武器類通方之義、公義御用之品ハ格別、其外武器ハ一切差通不申候、尤弓鉄砲之外行列ニ為御持之武器ハ、御用私用之無差別無構差通申候、弓之義ハ九張迄ハ無構差通申候、鉄

砲之義ハ九挺迄ハ小田原重役ゟ断有之候得ハ差通申候、十挺以上ハ弓鉄砲共ニ、公儀ゟ之御證文無之而ハ差通不申候、領分之もの矢倉沢御関所男女通路之義、女分ハ家老共證文ニ而相通申候、下り之義ハ不及證文相通申候、尤御関所守村一里近在之女ハ、矢倉沢村之内地蔵参詣ニ罷越候立帰之分ハ其村方名主手形ニ而、前々ゟ相通申候、尤右村方名主印鑑取置申候、右村之もの御厨筋へ罷越、帰之節足柄峠道筋ニ而病人病馬等有之、及暮候節ハ其村方ゟ名主罷越相願候得ハ、夜四ッ頃迄ハ相通申候、且首・死骸・囚人之義ハ家老共證文ニ而相通申候、死骸・囚人下り之分ハ、慥成《ママ》承届相通申候、首之義ハ只今迄下りへ相通候義無御座候、且御厨領分之男ハ、往来共口断ニ而相通申候、御関所御要害役懸り村、矢倉沢村・苅野一色村・苅野岩村之者共ハ御厨筋へ罷越、帰之節及暮候へハ、夜四ッ時頃迄ハ相通申候、其外夜中之義一切相通不申候、

右之通御座候、

右によると、矢倉沢関所の高札は箱根・根府川と同文であったことがわかる。

右記録には矢倉沢関所の心得が詳しく記されているが、それによると通行人（旅人）は名主または宿屋の手形で通しているが、万一手形が無い場合でも吟味のうえ、通していると記されている。

また、武器については公儀御用のほかは一切通行を認めず、特に鉄砲については九挺までは小田原藩重役の承認があれば通しているが、一〇挺以上は弓・鉄砲共に公儀の証文が無ければ通行を許可していないと記されている。

それから女性については、上りは家老の証文で通行を許可しているが、下りは証文が無くても通行を認めている。

なお、関所近在一里以内の女については、地蔵参詣の場合は村方名主の手形があれば夜四ツ時（午後十時）までは通行を許可しているという趣旨が記載されている。

以上で矢倉沢関所の通行人改めの説明を終わるが、最後に同関所の通行手形を参考のために数点紹介しておこう。

まず最初に、残存手形ではもっとも古い寛政十二年（一八〇〇）六月二十九日付の富士山詣の三浦郡桜山村（現逗子市カ）の農民一四人の関所手形を左に紹介してみよう（『幕府法令　下』一一一頁）。

差上申一札之事

一、同行　　拾四人

右之者共此度駿州富士山参詣ニ罷越申候間、以二御慈悲ヲ一御関所御通被レ遊可レ被レ下候、以上、

寛政十二庚申年六月廿九日

相州三浦郡桜山村

名主　孫右衛門印

矢倉沢

御関所

御番

御役人衆中様

（『神奈川県史』石渡文書）

つぎは、嘉永七年（一八五四）三月付矢倉沢（現南足柄市）の農民女八人が足柄地蔵堂へ参詣のため関所を通行した際のものである。手形上段に記載されている「拾六番」という数字は、名主孫右衛門が発給した手形の番号である（『南足柄市史』五四七頁）。

拾六番　差上申一札之事

女八人　足柄地蔵堂江罷越申候間、

御関所無二相違一御通被レ遊可レ被レ下候、為二後日一一札仍而如レ件、

嘉永七甲寅年三月

矢倉沢村
名主
五郎左衛門㊞

御関所
御奉行所様

（矢倉沢　田代克己氏蔵）

三点目は、安政四年（一八五七）十二月二十五日付江戸町人の通行手形である。これを見ると、駿河国の大宮宿（現静岡県富士宮市大宮）へ所用で通行した際のもので、上りの際は手形が必要であったことがわかる。発給者は江戸日本橋の家主である（『南足柄市史』五四八頁）。

差上申手形一札事

一此者壱人

右者駿州大宮宿迄罷越申候間、御関所無二相違一御通被レ遊可レ被レ下候、為二後日一手形一札依如レ件、

安政四丁巳年

十二月廿五日

江戸通塩町（中央区日本橋横山町）
家主
安　兵　衛㊞

矢倉沢
御関所
御役人衆中様

（矢倉沢　末光貞一氏蔵）

四点目は、慶応二年二月に関本村（現南足柄市）の馬士が、農間稼ぎで関所を通行する際に木札を提示して許可して

くれるように願い出た歎願書で、幕末期になって関所の通行が厳しくなったことを示すものである。

乍レ恐以二書附一御歎願奉二申上一候御事

一（ママ）

右者私共村方農開稼ニ駄賃仕候処、此度
御関所様御改厳重被二　仰付一、往返御手形ヲ以通行可レ致筈之処、馬士之儀ニ御座候得者、日々御手形持参も致
兼候間、厚御歎願奉二申上一候処、村役致二印形一木札渡置、来二月右木札ヲ以日々通行致候様御差免被二下置一難
レ有仕合奉レ存候、前条被二　仰付一候故（ママ）者、少茂心得違之者無レ之様急度申付置候、万一心得違之者有レ之候ハヽ、
私共罷出少茂御苦労相掛申間敷候、為二後日一一札仍而如レ件、

慶応二丙寅年二月

関本村
名主　甚四郎印
与頭　松五郎印
同　長右衛門印
同　物兵衛印
百姓代　勘右衛門印

矢倉沢
御関所
御番御衆中様

（『神奈川県史』三七四〜三七五　関本自治会所蔵文書）

なおこの他に、慶応二年（一八六六）七月二十五日付の通行手形で、駿東郡藤曲村の組頭伊助が小田原役所へ所用で出かけた際の手形もある。

第三節　矢倉沢関所の維持と農民負担

矢倉沢関所の管理は幕府から小田原藩が委任されていたが、関所の維持は周辺の農村・農民に負荷されていたのである。この点について明らかにするため、まず元禄五年（一六九二）十月付の関所修復普請に関する「覚書」を左に紹介してみよう（『南足柄市史』四九二頁）。

（端裏書）「ひかへ」

覚

一矢倉沢御関所御番所繕之節・竹木・神宮□立専御林ヨリ出し候材木持人足西筋村□□申候、
一葺萱出申候納萱ニ差次、拾駄ニ付金壱分ツヽ、
一縄之義（儀）御作事へ納縄ニ御次キ被レ下候、
　右之萱なわ、猿山・関本ヨリ矢倉沢迄七名ヨリ□山村迄□□
一御高札やらい（矢来）木御作事ヨリ村次ニ参候、
一同お（やカ）らい之柱栗丸太神宮御林ヨリ参□（候カ）
一材木持人足并御普請手伝人足西筋□　□不レ残出申候、中筋も爰元近所村□　□
一定番衆家普請仕候節ハ竹木御林□　□萱縄被二下置一、村々ヨリ出申候、材木持人足村々□　□右之かや・なわ・
猿山・関本・矢倉沢迄七名□　□萱拾駄ニ付金壱分被レ下候、縄之義納なわニ□　□人足塚原ヨリ上不レ残出申
候、

右之通先御代ニ出申候相勤申候、

矢倉沢

元禄五年　　　　　　　　　　名　主

申ノ十月十三日　　　　　　　組　頭

青木吉右衛門様

大西吉太夫様

（矢倉沢　田代克己氏蔵）

これを見ると、矢倉沢関所の修復に必要な材木や萱や縄などは、全て矢倉沢の農民が運んでいたことがわかる。

また、時代は下がるが、享保六年（一七二一）九月付のつぎの「関所御普請入用縄人足割合請取帳」を見ると、関所周辺の矢倉沢村をはじめ一九か村の村高と縄の出荷数が記されている。曽比村（現小田原市）が中縄三三房と細縄八房を出荷し、両牛島村（現足柄上郡開成町）が中縄一一房と細縄三房を出荷し、一九か村で合わせて中縄二三七房、細縄五六房を上納し、そのほか修復人足も、弘西寺村（現南足柄市）、福泉村（同上）、雨坪村（同上）などから七人が負担していたことが明らかとなる（『南足柄市史』四九三〜四九六頁）。

「（表紙）
享保六丑九月十七日　矢倉沢村　長七

矢倉沢御関所御普請入用縄人足割合請取帳

御関所掛り村拾九ヶ村ニ而相勤申候　」

享保四亥年掛り村開発覚

高弐百五拾壱石壱斗四升四合　　　曽比村

（中略）

内百六拾四石引高ノ分
残八拾壱石壱斗一升四合
同八拾八石八斗九升弐合　　茢野一色村
内三拾六石引高ノ分
残五拾弐石八斗九升弐合
同弐百弐石壱斗三升　　矢倉沢村
内弐百石引高ノ分
残弐石壱斗三升
高なし　　侭下村
同断　　竹松村
村数〆拾九ヶ村内（高なし弐ヶ村／高在拾七ヶ村）
高合弐千弐百拾九石壱斗八升八合
内四百石　矢倉沢村・茢野岩村・茢野一色村ニて石引被レ下候分引、
残千八百拾九石壱斗八升八合
右ノ高丑九月十六日ニ穴部御役所様ニ而写申候、
（中縄弐百弐拾九房　但（壱房／廿尋たかミ）
高千八百拾九石壱斗八升八合へ割
但シ高拾石ニ付壱房三分ツヽ、

同百石ニ付拾三房ツ、

（細縄五拾三房　但壱房廿尋たかミ

高千八百拾九石壱斗八升八合

但シ高拾石ニ付三分ツ、

同百石ニ付三拾房ツ、

覚

一中縄三拾三房 細縄八房　九月廿三日受取　夫(使カ)牛右衛門　曽比村

一中縄拾壱房 細縄三房　九月廿三日受取　夫久右衛門　両牛嶋村

一中縄七房 細縄弐房　九月廿三日受取　夫久右衛門　宮ノ台村

一中縄 細縄　なし　トリシ也　矢倉沢村

一高　なし　侭下村

一高　なし　竹松村

〆中縄弐百三拾七房

〆細縄五拾六房

但シ弐色共ニ壱房廿尋たかミ

（中略）

覚

丑九月十八日
一人足三人　　弘西寺村
壁土持

同日
一同弐人　　福泉村
同断

同十九日
一同弐人　　雨坪村

かべ土持こしらへ共

外ニすさわら壱束　但五尺縄結

同なわ壱房

（下略）

（矢倉沢　田代克己氏蔵）

さらに寛延二年（一七四九）十月九日付の「矢倉沢村御関所御修覆入札積り立覚」によると、番所ならびに定番人三軒の居宅修復にも、矢倉沢村農民が従事していたことが判明する（『南足柄市史』四九七～五〇二頁）。

それから、矢倉沢関所では関所通行の商人荷物、たとえば茶台・挽枕《ひきまくら》・弁当箱・たばこ盆など多彩な木材商品、それに炭（一〇貫目）、鍛冶炭など、およそ一五五点に及ぶ商品から十分の一の関税を徴収していたことが、つぎの記録により明らかとなる（『南足柄市史』五二七～五三一頁）。

（表紙）
「文化九壬申年

矢倉沢諸色拾分一取立帳

二月　山方御役所」
（付箋）「印鑑㊞」

定

一はめ板壱枚　但長壱間 巾壱尺 厚三四分　銭弐文取
一椴（縦）はめ板壱坪　但長壱間 巾壱尺 厚弐分　銭拾弐文取
一敷板壱枚　但長壱間 巾壱尺 厚五分　銭弐文五分取
一□（埋）杉板壱枚　但長壱間 巾壱尺 厚四分　銭□□□□
一埋木　但長弐尺四寸（壱尺カ）□□ 巾三寸四寸 弐拾四枚結　銭弐拾□□
一板戸壱枚　銭拾五文取
一石臼台壱ツ　銭拾文取
（中略）
一菓子入壱ツ　銭弐文取
一三ツ入子鉢壱組　但壱尺弐寸ヨリ 指渡シ見合　銭弐拾文取

一茶碗蓋拾ツ　　銭拾五文取
一挽鉢食次壱ツ　　銭八文取
一神鉢拾枚　但シ大　銭五文取
一同　拾枚　但中　銭□□□
一神鉢拾枚　但小　銭弐□□
一木鉢壱組　但差渡シ八寸高サ弐寸 差渡シ七寸五分 高サ壱寸六分　銭四文八分取
一同　壱組　但右同断並　銭三文六分取
一食次壱　但差渡シ九寸 厚サ見合　銭拾六文取
一同　壱ツ　但差渡シ八寸 厚サ八寸　銭拾三文弐分□
一たはこほん壱　但差渡シ九寸 厚サ三寸　銭四文八分
一六寸平壱人前　但差渡シ五寸八分ヨリ 六寸迄 厚サ弐寸、蓋共　銭四文弐分
一平皿壱人前　但差渡シ壱尺五分ヨリ 壱尺壱寸迄 厚サ弐寸　銭弐拾六文

（中略）

一平皿壱人前　但五分位、ふた共 差渡壱尺五分 厚サ見合ふた共　銭七拾四文

一盆壱枚　但差渡九寸 厚サ七分　銭□□□
一並盆壱枚　但指渡シ九寸 厚サ見合　銭壱□□
一同　壱枚　但指渡シ壱尺五寸 厚サ壱寸弐分　銭弐拾四文
一同　壱枚　但指渡シ壱尺弐寸 厚サ七分　銭七文取
一三重物弁当箱壱　但四寸五分ヨリ 六寸迄　銭拾六文四分□
一経木四箇付壱駄　但壱箇八貫目入　銭百四拾八文□
一同並弁当箱壱　銭拾文取
一吸物椀壱組　但指渡シ四寸五分 高サ弐寸　銭四文弐分□
一めうばん（明礬）壱貫目　銭拾弐文□
一み丶ふし壱斗　銭六文取
一箕拾　銭拾五文□
一蓑草壱ツ分　銭□□□
一蓑壱ツ　但大　銭□□□
一同壱ツ　但中　銭四文取
（後略）

これら十分の一税の関所関税についてその詳細は明らかではないが、後述の仙石原関所・川村関所でも商品に課税していた史料が存在しているので、合わせて参考にして頂ければ幸いである。

第四章　仙石原関所

仙石原関所は、箱根関所の北方約二〇キロメートルに敷設された甲州地方と湯本・小田原を結ぶ街道に設置された関所（箱根町）である。

仙石原関所の創設については必ずしも明確ではないが、つぎに紹介する享保十五年（一七三〇）三月付の仙石原村名主・組頭など村役人から奉行所あての口上書には、「百九年以前元和八年戌年御公料之節、仙石原御立被遊候」とあって、享保十三年から一〇六年遡ったとされる元和八年（一六二二）に創設されたものと考えられる（『箱根関所史料集』三、四三二頁）。

乍恐相州足柄上郡仙石原村名主組頭申上候

一、百九年以前元和八戌年御公料之節、仙石原御関所御立被遊候、其以後稲葉美濃守様御領知ニ罷成、八十年以前慶安四卯年元箱根仙石原之間、台ケ嶽と申山内ニ三拾丁四方同所新宮と申水海端八丁余、此両所箱根・仙石原両御関所御要害として御留山ニ被仰付、則美濃守様ゟ新宮山とうご淵大はたと申三ヶ所ニ、御禁制之御札御立被遊、御地頭御代々今以仙石原村之人足ニ□□（虫喰欠）り申候、依之両御関所御要害山守り仙石原村へ被仰付、御地頭御代々無相違相守リ罷在候事、

一、此度元箱根之者共御訴訟申上候ニ付、立合絵図仕、返答書被仰付奉畏、元箱根之者共と申合、今五日ニ見分

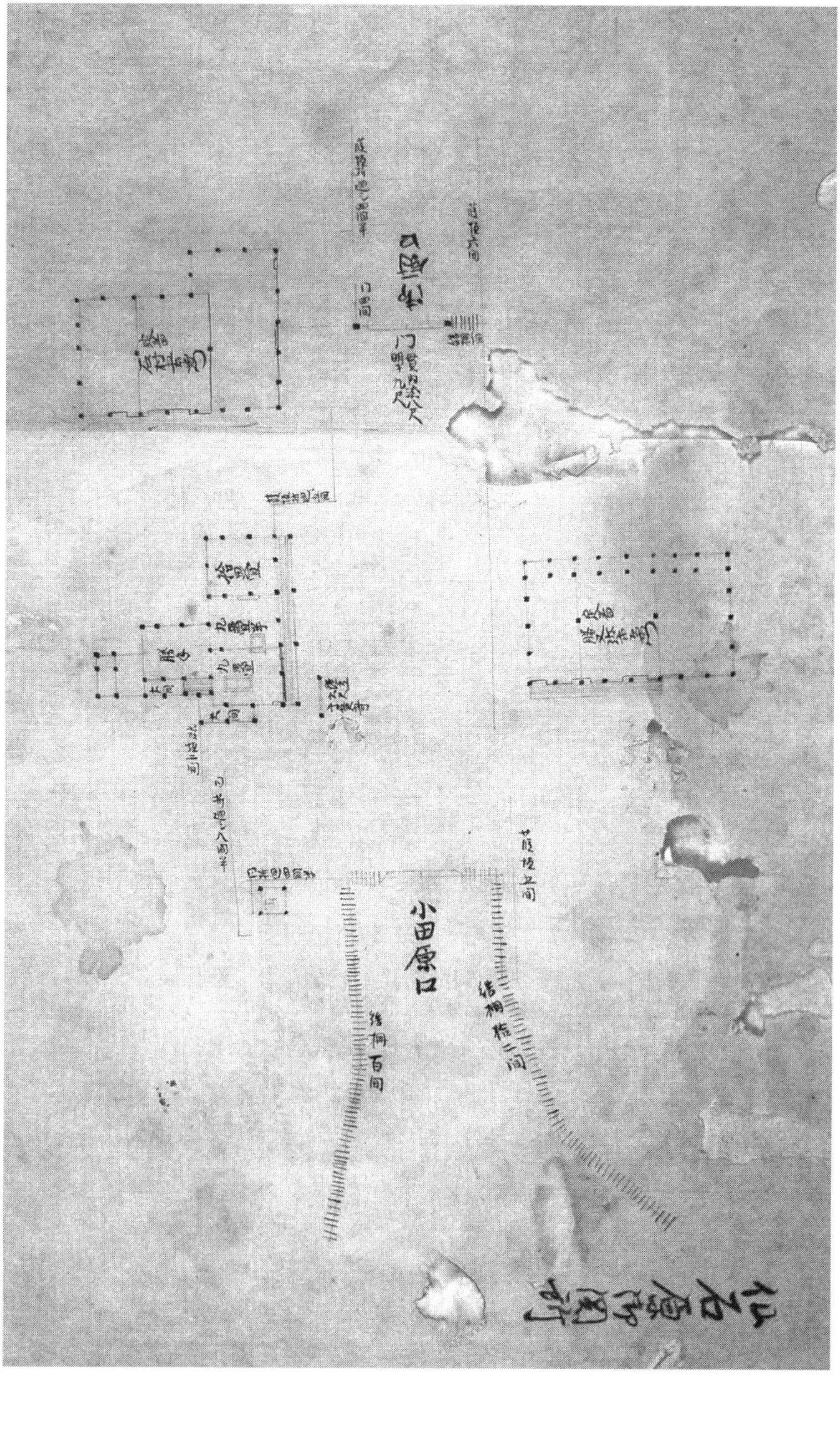

図5　仙石原関所の図（箱根町立郷土資料館蔵）

仕候処ニ、御大切之御要害之山水海絵図ニ仕候儀、御大切之海山共委細絵面に印申儀難成奉存候、殊ニ右申上候通リ御大切之御要害之海山守リ之拙者共義ニ御座候得ハ、何分ニ茂御免被成下候様ニ奉願上候、依之御指紙御判書所持仕罷有候儀、一日ニ而茂迷惑ニ奉存候、尤、元箱根ハ御関所内東ノ方ニ罷有候ニ付、元箱根ゟ御要害之場舟のり越不申候ニ付、他所之絵師同船仕候義難成奉存候御事、

一、元箱根之者共申上候、御指紙頂戴仕候ニ付、御意重ク奉存、右申上候通元箱根之者共と立合、一日見分ハ仕候得共、絵面之儀ハ何分ニ茂御免被成下候様ニ奉願上候、継元箱根之者共ゟ申かけ候出入、何分ニ被為仰付候共、無是悲（非）御事ニ奉存候ニ付、絵面返答書之義御免被成下、御指紙御取上ケ被下置候様奉願上候御事、右申上候通相違無御座候、以御慈悲願上候通被為仰付被下置候ハヽ、難有可奉存候、以上、

享保十五年
　戌三月
　　大久保加賀守領知
　　相州足柄上郡仙石原村
　　　名主　太郎兵衛㊞
　　　組頭　勘右衛門㊞
　　　同　作兵衛㊞
　　　同　十左衛門㊞
　　　惣百姓代　与兵衛㊞
御奉行所様

つぎに仙石原役所の役割について安永三年（一七七四）五月付「箱根御関所改書」から抜粋し紹介してみると、左のとおり記されている（『箱根関所史料集』二、一八頁）。

相模
河村　　　高札無之　　　御代官所
同
谷ヶ村
駿河（江脱）之脇道
相模
仙石原　　高札無之　　大久保出羽守
駿河（江脱）之脇道

一、此三ヶ所ハ、他国之もの一切通り不申場にて御座候故、高札之写も相違不申候由、相州奥山家筋又は駿河江罷越候道筋ニて御座候、他国之女之儀一切不相通、

但、領分之女ハ出羽守家老判ニて相通候よし、

一、夜中一切不相通候、

一、武具・弓鉄砲一切不相通候、

右によると、仙石原関所のほか河村・谷ヶ村関所では他国人は一切通さず、他国の女も一切通行を認めず、領分の女は大久保出羽守の家老の印判があれば通行を許可していたことがわかる。また、武具や弓・鉄砲も一切通行を禁止していたことが確認される。

さらに仙石原関所では、箱根関所の間が要衝山に指定され、通行がきびしく制限されていたことが、つぎに掲示する享保十六年十一月晦日付の箱根権現社人名主和田大炊の証文書によって明らかとなる（『箱根関所史料集』三、四〇九頁）。

證文之事

一、焼子湯江元箱根ゟ通路之儀、神宮山古道弥以御停止被仰付、廻り道仕罷越候様ニと於御評定所被仰付候ニ付、元箱根ゟ湖水船ニ而焼子湯江通路堅仕間敷候、向山江山稼并漁船之儀は、只今迄之通相心得、他所者ハ不及申、女一切船ニ乗申間敷事、

一、焼子湯ハ箱根・仙石原両御関所御要害之場所ニ御座候間、小屋懸を取繕候程之儀は各別、惣而唯今迄之通ニ可相心得事、

一、惣而御関所御要害ニ付而は、小田原ゟ之御下知違背仕間敷事、

右之通被仰渡奉畏候、急度相守可申候、御證文如件、

相州箱根権現社人

享保十六年辛亥十一月晦日　名主和田大炊印

右の第一か条には、元箱根から焼子湯への通路は要衝山に指定されているので湖水船で通行するのは禁止、女は一切船に乗せないことなどが記されている。

また、同年十一月十日付の仙石原村名主太郎兵衛から小田原役人あての注進書付があるが、それによれば、元箱根の一〇人が、要衝に指定されている地域、御厨深沢より馬八足でとうこ淵まで付け出し、それからまたとうこ淵から船積みして帰ったことがわかる（『箱根関所史料集』三、四〇九頁）。

また、時代は下るが、天保十五年（一八四四）五月二十二日付「御関所御規定心得方書記」には、仙石原関所の前々よりの取り締まりの実態について詳しく記されているので、左に紹介してみたい（『箱根関所史料集』二、七六〜七七頁）。

一、御関所御定書其外被仰渡伺済并元済無之候ても、前々ゟ仕来或ハ心得方等之事、

此義、於御関所従

公義之御定書其外被仰渡伺済等之義、一切無御座候、前々ゟ仕来心得方等之義ハ、左之通ニ御座候、

一、男女并（ママ）首・死骸・囚人其外何品ニ而も、通行之義、主人并家来證文ニ而相通候訳、且口断ニ而相通候品々、尤出入ニ而改方差別之義、都而何事ニよらず御関所心得方等之事、

此義、登りヘ罷通候男之義、御用之御方様ハ格別、御直参并御家来等差通候義、一切無御座候、其外旅人之義手形持参候ヘハ、手形相改差通申候、無手形ニ而ハ相通不申候、併遂吟味候上、不審之義無御座候得ハ無手形ニ而も相通申候、下り之義ハ不及改差通申候、且夜中ハ一切相通不申候、

一、登りヘ罷通候女之義、一切相通不申候、下り之義ハ不及改差通申候、

一、首・死骸・囚人之義、主人又ハ家来之證文ニ而相通候義無御座候、且口断ニ而相通候品々、是以無御座候、

一、手負・乱心惣而不審なる者、一切相通不申候、

一、武器類、一切相通不申候、右之通ニ御座候、

右によると、登りの武家は御用の場合は格別だが、それ以外の直参または家来については一切通行を認めていない。その外の旅人については手形があれば、手形を改めたうえで通している。また、登りの女は一切通行を認めていない。下りは改め無しで、通行を許可している。さらに武器類は一切通行を認めていない。

それから最後になるが、仙石原関所にも明和四年（一七六七）二月付で十分の一税に関する史料が存在しているので、つぎに紹介しておきたいと思う（『箱根関所史料集』二、四〇九〜四一〇頁）。

乍恐以書付ヲ奉願上候御事

一、当村之者共、前々ゟ山物商買ニ仕り、御関所居村ニ御座候ニ付、御十分一無シニ通り来り候処ニ、此度何成り共御拾歩一出候品々ハ、御通シ被成候義、当月廿三日ゟ御留メ被遊候ニ付、村方之者共渡世ニ相成兼、至極

迷惑仕候ニ付、此段御関所様江何卒前々通り御通し被下置候様ニと奉願候処、御聞済無御座候、無是非奉願上候、御慈悲ヲ以前々通り御十分一無、御通シ被下置候様ニ被仰付被下置候ハヽ、難有仕合ニ奉存候、以上、

明和四年
亥二月廿五日

仙石原村
名主太郎兵衛
組　頭八右衛門
同　治郎右衛門
同　三右衛門
同　小左衛門
百姓代嘉兵衛

矢崎徳左衛門様
中山郷右衛門様

なお、もう一点、寛政十三年（一八〇一）正月付の仙石原村組頭・百姓代から地方役所あての請書を見ると、つぎのとおり記されている（『箱根関所史料集』二、四一四〜四一五頁）。

奉差上御請書之事

私共村方江罷越候湯治人、都而他所者、御関所御要害山々は勿論之儀并ニ明神ヶ嶽・明星ヶ嶽・四ツ尾峯辺江登候歟、又は四ツ尾閑道を越候者及見候ハヽ、急度差留メ可申候、万一右山々江村内之者致案内等候ハヽ、御咎可被遊旨、小前末々迄心得違無御座候様被仰渡、奉畏候、依之御請證文差上申候、為後日仍如件、

寛政十三辛酉年正月　仙石原村

組　頭門右衛門
同　　林右衛門
同　治郎右衛門
同　　孫左衛門
百姓代富右衛門，

仙石原御関所
　御奉行所様

これには、仙石原村へ罷り越した湯治人や他所者が明神ヶ嶽や四ツ尾峰近辺を通り越す時は急度差し止めるむねが記されている。

第五章　川村関所

川村関所は箱根関所の北東に位置し、駿河道と呼称されていた街道に設置されていた関所である。

川村関所の定番人としては貞享三年(一六八六)の記録(『箱根関所史料集』二、一二三～一二四頁)を見ると、関所番人は、七石三人扶持露木善兵衛、五石四人扶持軽部伝左衛門の二名であったことがわかる。

なお、「小田原史料」(『箱根関所史料集』二、三一頁)元禄元年(一六八八)の記録を見ると、川村関所の番人はつぎのとおりである。

一、川村番人　侍壱人・定番二人・中間二人、弓一張・鉄砲二丁・小道具共、関所付、長柄三本・三ッ道具一組・平大白地幕壱走箱ニ入、大挑灯壱・箱挑灯二・棒三本、

また、延享三年(一七四六)八月の『諸関所覚』(『神奈川県史』三五七頁)を見ると駿府への抜道とあり、他国の者は一切通さず、他国の女も一切通さず、領分の女は加賀守(小田原藩主)の印判で通し、さらに武具・鉄砲・弓は一切通さずと記されている。

つぎに十分の一税について見てみよう。元禄六年四月付で皆瀬川村(現足柄上郡山北町)名主・組頭・惣百姓から川村関所奉行衆あての一札を紹介してみると、つぎのとおりである(『箱根関所史料集』三、四二一頁)。

指上申一札之事

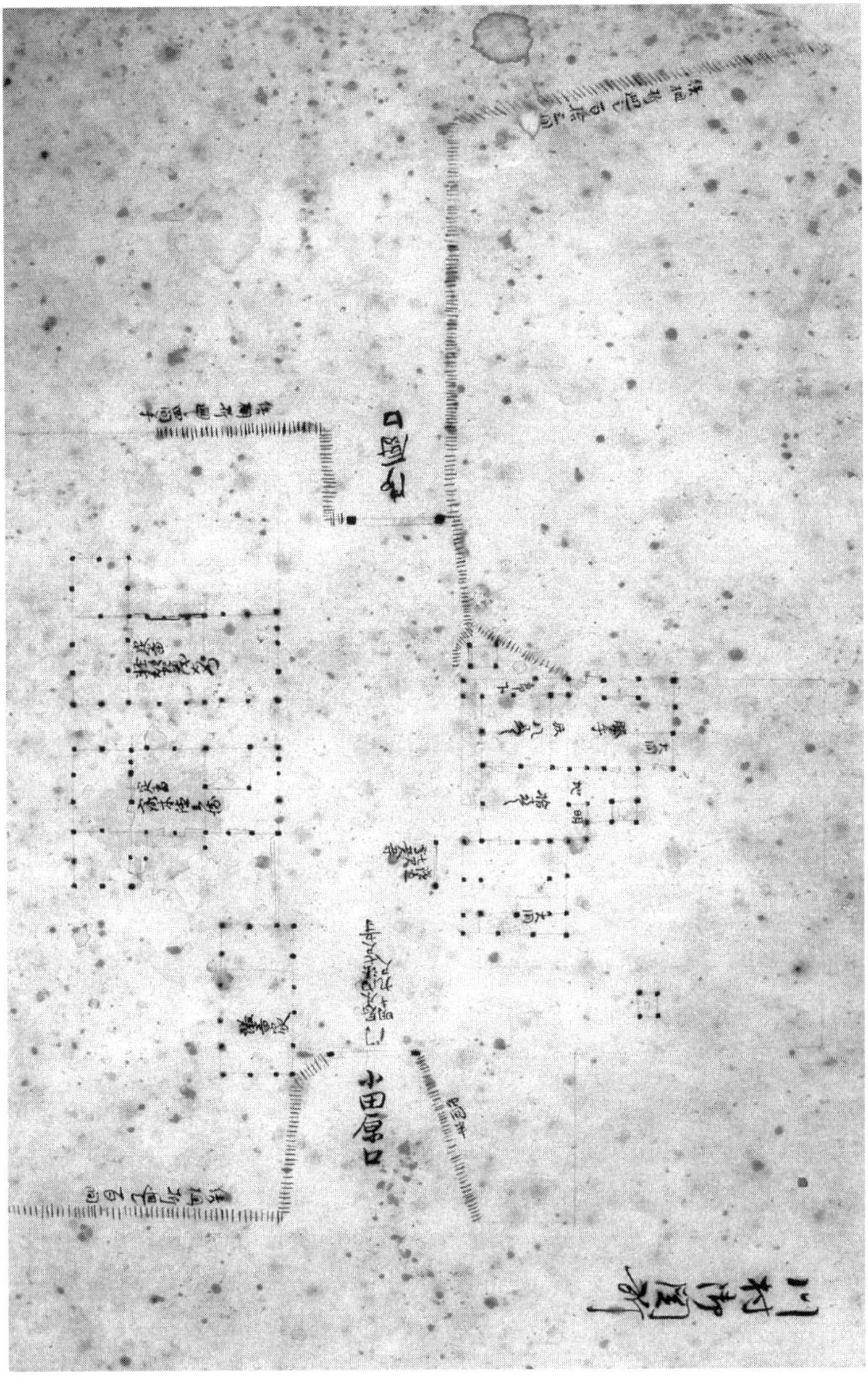

図6　川村関所の図（箱根町立郷土資料館蔵）

一、当村之内ニ御関所へかゝり不申脇道御座候ニ付、御十分一物何物ニよらす、少も隠脇道通し申間敷候、御十分一物ニよらす、若あやしき者脇道いたし申候ハ、見付次第、あとへ追帰し可申候、若帰り不申構申者御座候ハ、御関所へ御注進可仕候、若見遁し通し申候ハヽ、名主・組頭・惣百姓代迄如何様之御仕置ニも可被仰付候、為其名主・組頭・惣百姓代連判仕差上申候、為後日手形仍而如件、

元禄六年

酉ノ四月廿九日

皆瀬川村

名主

組頭

同

惣百姓代

川村

御関所御奉行衆様

元禄九年二月付の一札はつぎのとおりである（『箱根関所史料集』三、四二一〜四二二頁）。

川村御関所御拾分市《（ママ）》請負一札

一、今度万山物荷物御拾分一、日切ニ御取立可被成由、御関所ゟ被仰付候ニ付、三ヶ村商人共迷惑仕、御関所へ御訴訟申上候へハ、御用所ゟ被為仰付候ニ付、内証ニ而借し置申儀不罷成由御意被成候故、我々訴状認御公儀様に御訴訟被成被下候様ニと、則三ヶ村名主衆ヲ頼可申上所ニ、当村五郎兵衛殿御関所に被成御座、御定番衆と御対論之上、埒御明ケ被下忝奉存候、

一、御拾分一之儀は、月末廿八九日ゟ三四日迄ニ急度御上納仕切、五日迄も延引仕間敷候、若定之日限相違仕僕而、何れも様へ御付届ケ御座候は、拙者共御関所に御召列、為過代と御鑓立ニ三日宛手鎖ニ而御痛メ可被成由

奉畏候、

一、荷物御拾分市（ママ）、若勘定相違も御座候は、八日ゟ十五日之間ニ差引被成候様ニ御定被下、御尤ニ奉存候、

右之通三ヶ条之趣、堅相守可申候、為後日仍如件、

元禄九年子ノ二月廿一日

同村
商人 伝兵衛 ㊞
平丘衛 ㊞
佐左衛門 ㊞
増右衛門 ㊞
甚五兵衛 ㊞
源八郎 ㊞
新三郎 ㊞
新五兵衛 ㊞
弥左衛門 ㊞
六右衛門 ㊞
与三右衛門 ㊞
惣左衛門 ㊞
太郎左衛門 ㊞
庄左衛門 ㊞

権右衛門　㊞
勘右衛門　㊞
伝十郎　㊞
金三郎　㊞
新兵衛　㊞
佐太郎　㊞
市左衛門　㊞

川村山北
名主五郎兵衛殿
同　弥五右衛門殿

これを見ると、皆瀬川村の惣百姓は、十分の一税の賦課徴収について協力するむねの連判状を川村関所役人に差し出していたことがわかる。また同村商人二一名は、十分の一税は月末の二十八日・二十九日から翌月の三日・四日までに上納するであろうと、請負いの一札を差し出していたことが判明する。

次いで時代は下るが、享保五年（一七二〇）九月付の都夫良野村（現足柄上郡松田町）の記録（『神奈川県史』三七一頁）を見ると、同村の名主・組頭・惣百姓代らが連名で十分の一税として銭七貫六二〇文を上納していたことが確認される。

覚

一銭七貫六百弐拾文　　村中惣百姓御十分一銭

右者去亥年中山北御関所以指上ケ申候拾分一銭員数如斯ニ御座候、若少も相違之儀書上ケ後日露顕仕候ハヽ、何分之御科ニも可被仰付候、為其連判一札指上ケ申候、以上、

享保五年子九月　　都夫良野村
組頭与三右衛門
同　弥兵衛
惣百姓代所左衛門
名主幾右衛門

（山北町都夫良野　岩本正夫氏蔵）

以上が川村関所の十分の一税徴収に関する記録であるが、前述の矢倉沢・仙石原関所の説明でも十分の一税に関する史料を紹介しておいたので、参考にして頂ければ幸いである。

さて、つぎに宝永七年（一七一〇）川村関所建物の維持修復に足柄上郡（現山北町）の村々が動員されていた史料を紹介してみたいと思う（『箱根関所史料集』三、四二四～四二五頁）。

覚

一、人足六拾人　　松田惣領村
　此賃銀六拾目
名主　松右衛門　㊞
同　仁兵衛　㊞
組頭　丑右衛門　㊞

一、人足拾七人　　松田庶子村
　此賃銀拾七匁
名主　弥兵衛　㊞
組頭　惣右衛門　㊞

一、人足三拾弐人　　河村岸

此賃銀三拾弐匁

名主 新右衛門㊞
組頭 定右衛門㊞

一、人足三拾七人
此賃銀三拾七匁

河村向原

名主 川右衛門㊞
組頭 勘左衛門㊞

一、人足弐拾壱人
此賃銀弐拾壱匁

河村山北

名主 理左衛門㊞
同 弥五右衛門㊞
組頭 利兵衛㊞

一、人足拾四人
此賃銀拾四匁

皆瀬川村

名主 市右衛門㊞
組頭 茂右衛門㊞

一、人足拾弐人
此賃銀拾弐匁

都夫良野村

名主 市右衛門㊞
組頭 利右衛門㊞

一、人足拾壱人
此賃銀拾壱匁

湯触村

名主 三右衛門㊞
組頭 長右衛門㊞

一、人足三拾四人　　川西村
　此賃銀三拾四匁
名主 西左衛門 ㊞
同 勘七郎 ㊞
同 三郎左衛門 ㊞
組頭 五右衛門 ㊞

一、人足八人　　山市場村
　此賃銀八匁
名主 茂右衛門 ㊞
組頭 伊兵衛 ㊞

一、人足拾五人　　神縄村
　此賃銀拾五匁
名主 利右衛門 ㊞
組頭 弥兵衛 ㊞

一、人足拾九人　　世付村
　此賃銀拾九匁
名主 茂平次 ㊞
組頭 六郎左衛門 ㊞

一、人足弐拾四人　　中川村
　此賃銀弐拾四匁
名主 市平 ㊞
組頭 太郎兵衛 ㊞

一、人足拾人　　玄倉村

此賃銀拾匁

人足三百拾四人

右ハ河村御関所柵木立替并へき施結人足如此ニ候、村々困窮之御百姓共ニ御座候間、御慈悲ヲ以御日用銀被下置候ハヽ、難有可奉存候、以上、

宝永七年

寅ノ九月

名主　里右衛門㊞
組頭　次兵衛㊞

酒匂
御会所様

（貼紙）
「覚

明日小田原へ□（虫喰欠）廻り可申と存候、依之手形連判相済申候間、御覧可被成候、将又人足割帳案紙之奥書半紙末ニ又々連判付御座候、弥々案紙之通ニ可仕候哉、去年之様子御知らせ可被下候、以上、

九月四日

左之右衛門

理左衛門様」

右ハ川村御関所柵木立替并へき結修覆御普請人足懸り村々ゟ差出、書面之人足賃銀□（欠）難有村々請取、銘々割渡申候、以上、

宝永七年

寅九月

川村山北

酒匂
御会所様

右によると、川村関所の柵木立替え修復のため足柄上郡山北町を中心とする農民三一四人が動員されたが、その賃銀として人足一人に対し銀一匁ずつが補償されていたことが判明する。

また、正徳三年（一七一三）五月七日付「河村御関所掛村々諸色元帳」（『神奈川県史』三七五〜三七七頁）を見ると、左のとおり、関所を囲繞する柵の修復のため河村山北（現足柄上郡山北町・松田町）をはじめ一四か村の村々の農民が動員されていたことがわかる。

（表紙）「正徳三年

河村御関所掛村ニ諸色元帳

巳五月七日　」

覚

御関所掛十四ヶ村

一家数合千百五拾七軒

一柵惣間合弐百六拾壱間半

此割

一家数百五拾五軒　　河村山北

此柵間弐拾七間弐尺弐寸

外七間四尺弐寸　柵御目通故掛村ニ相談ニ而引

同四間御番所東西之御門際ニ而別而引ク

一家数百五拾五軒　　河村向原

此柵間三拾壱間弐寸

外七間四尺弐寸　柵御目通ニ而掛村ニ相談ニ而引ク

一家数百五拾五軒　河村岸

此間三拾壱間三寸

此柵間六間弐寸

一家数合四拾壱軒　神縄村

此柵間拾間壱尺七寸

一家数合弐拾四軒　玄倉村

此柵間六間弐寸

一家数合八拾軒　中川村

此柵間弐拾間四寸

一家数合五拾七軒　世付村

此柵間拾四間壱尺七寸

家数合五百八拾四軒

柵間合百四拾五間

〆

御番衆御居宅修覆村組合

一家数百五拾軒　松田惣領

一同　八拾軒　皆瀬川村
一同　廿八軒　都夫良野村
一同　廿四軒　玄倉村
外七間四尺弐寸　柵御目通ニ而村ニ相談之上引ク
一家数八拾軒　皆瀬川村
此柵間弐拾間弐寸
一家数弐拾八軒　湯触村
此柵間七間壱寸
家数合五百七拾三軒
柵間合百拾六間半
一家数弐拾八軒　都夫良野村
此柵間五間三尺七寸
外壱間弐尺弐寸　柵御目通故掛村ニ相談ニ而引ク
一家数合拾軒　川西村
此柵間弐拾五間三寸
一家数合八拾軒　松田庶子
此柵間弐拾間三寸
一家数合百五拾軒　松田惣領

此柵間三拾七間三尺五寸

一家数合弐拾四軒　山市場村
一家数百五拾五軒　河村向原
一同　四拾壱軒　神縄村
一同　百軒　川西村
〆三百九拾六軒
一家数百五拾五軒　河村岸
一同　八拾軒　松田庶子
一同　五拾七軒　世付村
〆弐百九拾弐軒
一家数合百五拾五軒　河村山北
一同　八拾軒　中川村
一同　廿八軒　湯触村
一同　廿四軒　山市場村
〆弐百八拾七軒

御関所惣掛之勤方組合拾四ヶ村相談之上、当巳ノ年ゟ組親四ヶ村ニ而番組之通名主番相勤可申定ニ御座候、尤山北之儀年ニ添役仕筈ニ是又定申候、以上、

正徳三年巳ノ五月　松田惣領

（下略）

これらを見ると、河村関所の維持修復のために関所周辺の村々が種々の負担が課せられていたことを垣間見ることができるであろう。

最後になるが、川村関所の通行に関する誓約書、ならびに往来証文を紹介してみよう（『神奈川県史』三七二頁）。

証文之事

一私共川村御関所の儀、掟の通ニ相守可申候、御関所通り候時者、掟通り致□通り可申候、為後日仍如件、

寛政二年戌十二月　利五右衛門㊞
所左衛門㊞
林右衛門㊞
（外二〇人略）

都夫良野村
御役人中様

（山北町都夫良野　岩本正夫氏蔵）

右は、寛政二年（一七九〇）十二月、都夫良村（現足柄上郡山北町）の農民が川村関所を通行する際に、関所の掟を守ることを都夫良野村役人へ差し出した一札である。

つぎに寛政四年三月付で足柄上郡篠窪村（現足柄上郡大井町）の百姓安左衛門が、諸国巡礼の旅に出かける際に同村の名主・組頭・百姓代三名が安左衛門に授与した通行手形を左に紹介する（『神奈川県史』三七二頁）。

往来添証文之事

一、当村百姓安左衛門儀、為菩提此度諸国順礼ニ罷出候、海陸所々御関所無相違御通し被　遊可被下候、一宿等之儀御頼申上候、万一何方ニ而病死仕候節者、以御慈悲ヲ其御所之御作法ニ御取置被遊可被下候、為其菩提寺ゟ往来証文為持出申候、為後日依而如件、

寛政四年子三月

江川太郎左衛門御代官所（英毅）
相州足柄上郡篠窪村
百姓代 惣　七 ㊞
組頭 浜右衛門 ㊞
名主 繁右衛門 ㊞

国々所々
御関所
御奉行衆中様

国々在々町々
御名主衆中様
其外
御役人中様

（大井町篠窪　小島巌氏蔵）

この「往来添証文」を諸国の関所へ提示して通行したものと考えられる。

なお時代は下るが、天保十五年（一八四四）五月二十二日付「御関所御規定心得方書記」（『箱根関所史料集』二、七七頁）には、根府川・矢倉沢・仙石原関所に続いて川村関所と谷ヶ村関所についても以下のように記されている。

川村御関所

一、御関所御定書其外被仰渡伺済并元済無之候而も、前々ゟ仕来或ハ心得方等之事、

此外共諸事、前条仙石原御関所同様ニ付、略ス、

谷ヶ村関所

一、御関所御定書其外被仰渡伺済并元済無之候而も、前々ゟ仕来或ハ心得方等之事、

前同断ニ付、略ス、

これによると、川村関所・谷ヶ村関所も、仙石原関所の通行規定と同じ仕来りであることがわかる。

付録　箱根周辺関所破りの記録

小田原領箱根関所および脇往還五か所の関所周辺では、近世初期の頃から関所破りの記録が伝存している。江戸幕府はこれら関所破りに対して極刑をもって臨んでいたが、それでも止むに止まれず関所を通らず山越えして通行しようとしたのである。

そこでこれら関所破りの経緯についての史料を提示し、参考にして頂きたいと思考する。

【史料1】承応二年（一六五三）閏六月十三日箱根関所潜り者処刑の記録（『幕府法令 上』一五〇頁）

一、箱根御関所潜候者之儀、御留守居江御談合ニ被レ遣候処、御老中江被レ達、被二仰越一候者、彼者之儀以来之為二御仕置一ニも候間、可レ然場所ニ桀（磔）ニ懸候様ニと申来付、為二検使一桐間助右衛門・高村作右衛門被レ遣、御足軽弐人・町同心弐人被レ差二添之一、并穢多罷越、

捨札之文言　但シ、札とは不レ書、

此者脇道を行、柵を越通候を見出捕へ如レ此行者也、年号月日

一、右御関潜候者被レ遂二御僉儀一候処、松下清兵衛様ニ罷在中間奉公仕候者、五月欠落いたし候由、依レ之御手前江戸御留守居之者方に請人手前致二僉儀一候様ニと被二仰遣一、於二江戸一致二僉儀一候処、請人申者、清兵衛様ハ最

早人代遣出候而事済候由申来、就レ夫清兵衛様へも為二御断一様子被レ仰二遣之一

（『神奈川県史』資料編4―二一七、永代日記）

右史料は管見ではもっとも古い史料である。これには詳しい経緯が記されていないが、武家松下清兵衛の奉公人が欠落ちして箱根関所を通らずに脇道を行き、柵越えして捕えられ処刑されたのである。

【史料2】元禄十五年（一七〇二）二月～四月箱根関所破りの記録（『箱根関所史料集』二、九四頁）

二月十一日、岩瀬藤大夫俄ニ箱根江登山ス、是は豆州女箱根之御関所を山越ニ忍通候段、訴人有之、遂僉議可申ためニ被差越之由、右は御番所之後ニからまり居候を、昨夜五ツ半頃ニ見付、奥作平トラエル由、依之今朝注進ス、就夫詮議口上書為仕候、近藤弥左衛門・岩瀬藤大夫并御関所之籠江入候、見固之為成瀬佐次左衛門・金成物右衛門、午天俄ニ令登山之由、右女事玉ト号スル由、豆州大瀬村太郎兵衛之娘、江戸新田嶋ニ而半左衛門ト申従弟之方に為奉公当正月参候由、黄昏過陰天ニ付而白気甚ク不見、尤夜更候間、弥不顕見也、

（四月）廿六日、箱根御関所破之玉女義、明日死罪ヲイタイラニ獄門ニ就被掛候、為見《（検）》使川村宇門被遣令登山之由、

廿七日、玉女死罪ニ付、為検使警固ト、蜂屋太左衛門・大目付舎人定目付飯野数右衛門・江戸目付大善次郎・御側目付森九郎左衛門・先手頭菅沼作右衛門・見使宇門・郡奉行杉小右衛門、冬令登山、乗馬之代官壱人喉し出勤ス、

これを見ると、元禄十五年二月十一日に小田原役人と思われる岩瀬藤大夫が俄に箱根関所へ登山したが、それは関所破りをした女がいるとの知らせで急行したのである。そして番所付近で豆州大瀬村（現静岡県加茂郡南伊豆町）の太郎兵衛の娘玉が前夜五ツ半（八時半頃）捕えられ、やがて四月二十七日になって極門（死罪）に掛けられたというもので

ある。なお、玉は江戸新田島の半左衛門方の奉公人であった。

【史料3】寛政十一年（一七九九）武州三反田村織右衛門の箱根山越え一件につき顛末書（『南足柄市史』五一四～五一五頁）

武州都筑郡三反田村・百姓七左衛門店・織右衛門、女召連、箱根御関所裏山越いたし候段、先達て申立候処、箱根御関所之儀ハ、裏、直ニ湖ニて、山越は難二相成一、外山続五ヶ所、関所有レ之、何れ之場所、山越いたし候哉、相糺候処、箱根御関所外、御関所之儀は、相弁不レ申、先達ても申立候通、神奈川宿旅籠屋下女、誘引出、右近辺ニ難二罷在一、駿州・遠州之方え、可二立越一存候処、女召連候事故、箱根関所を除、裏手山越ニ、駿州え可二罷出一と、山越いたし候、小田原最乗寺を左ニ請、山え分入、御厨え出候迄ハ、往還順路ニ無レ之、嶮岨谷間又ハ茅茨等を分、忍越候儀ニ付、場所地名、何方と申儀、曾以、相弁不レ申、只々一円、箱根山と存、元来、箱根御関所を除、裏手山越いたし候心得ニ付、湖を隔候ても、箱根御関所裏山越いたし候段、先達て申立候処、此度吟味ニて、外御関所之儀、承知仕候得は、定て、右之内、山越いたし候事ニ可レ有二御座一候得共、前申立候次第故、何方と申儀、実々、存不レ申候旨、申立候ニ付、大体、里数・方角等相糺、最乗寺を左ニ受、山え分入候趣等を以、小田原裏え、私組与力、差遣、一応大久保安芸守(忠真)え及二掛合一候処、右織右衛門申口之趣ニては、仙石原御要害を抜候哉、矢倉沢御要害を越候哉、何共、聢と難二相分一、大凡ニも、何方ニ可レ有レ之と、相究兼候段、申聞候ニ付、又々道筋・山越之場所等、織右衛門覚候丈、存出し申立候様、得と相糺候処、最初戸塚宿より関本村え懸り、酒匂川上四十八瀬を越、最乗寺を左ニ受、山え懸り、暫、茅茨等を分行、夫より谷間嶮岨三里程も上り候処、余程高キ兀山有レ之、右之兀山を左ニ請、山伝ニ下り、名不レ存村之前、河原を川下え七八町も下り、夫より御厨え出候旨、右之外ハ、年月を経候儀、何分是と覚居不レ申候段、申立候ニ付、又々、右申口之趣を以、仙石原・矢倉沢之内、山越之場所、相分可レ申哉、安芸守え及二懸合一候処、惣て、関所要害山之儀は、隣合之事ニ候得は、此度、再三吟味之趣、致二承知一候ても、聢と、何れと申議、難二相決一、偖又、囚人も、土地之様子ハ不レ存、道も無レ之所、山深、分入候事ニ候得ハ、方角も取失ひ可レ申儀、殊ニ、年数も立候事、此上、ケ様之所と尋込候迚も、何之関所と申儀、急度相分候事ニ可レ有レ之とも難レ申、左候迚、大凡之推察を以、此関所を越候と相極候儀ハ、致兼候、乍レ然、差越ケ間敷儀ニは候得共、何れニいたし候ても、小田原領之内、四十八瀬を越、最乗寺を左手ニ見受候場所より、山越ニ掛り候趣ニては、熟レ、小田原持場関所之所之内、山越いたし候事と相見候、小分ケいたし候得は、箱根・根府川両御関所之外、四ヶ村之関所有レ之候得共、一体、小田原持場之儀ニ付、山越之場所不二相分一所を以、小田原之内ニて、御仕置被二仰付一、於二其所一と申・御下知ニも振れ申間敷儀ニ候はゝ、小田原城下より壱里程隔り、駿州御厨え往来之脇道往還を引離、多古村と申所ニ、古来より之刑場有レ之候ニ付、右場所引渡、御仕置取行候儀ハ、如何可レ有レ之哉之旨、段々、安芸守より懸合申越候ニ付、然ル上は、是迄、織右衛門相糺、追々掛合之趣申上、相伺可レ申候、安芸守よりも可二申上一儀ニ存候段、申遣候、織右衛門、女召連、箱根御関所を除、山越いたし候儀ニ御座候処、右山越之場所、相弁不レ申候旨、申立、不二相分一候ニ付、前書之通、筋違等、再応相糺、右申口之趣を以、段々、安芸守方え懸合および候処、同人より、前文之趣、申聞候ニ付、此段申上、奉レ伺候、

此儀、振候儀も無二御座一、相見候間、伺之通、岩瀬式部え被二仰渡一、可レ然哉ニ奉レ存候、

申閏正月

右記録によると、武州都筑郡三反田村（現横浜市旭区）百姓七左衛門店人・織右衛門は神奈川宿旅籠屋の下女を召し

連れ箱根関所の裏山の奥深く入り込み、捕えられたように思われる。それで本人も山越えした場所がよくわからず、処刑場所については多古村（現小田原市）にしてはどうかとの意見もあった。だが、この記録では処刑された場所は不明である。

【史料4】文化十年（一八一三）八月「箱根御関所破り記録」（『箱根関所史料集』三、三八八～三九一頁）

「（表紙）
文化十一甲戌年八月　　箱根山
　　　　　　　　　　　院内扣

箱根御関破り記録
六拾三世
観隆法印御代　　是ハ青木伝八写」

一、八月二日朝、箱根御関所裏屏風山を薩州之者之由、両人相越懸、壱人は御関手前新谷先に出申候ニ付、早速被召捕候て吟味被致候処、早速連レ壱人有之趣致白状候ニ付、同人は新家ニ而手錠に相成居候趣、今日は例月番頭交代日に候処、先月之番頭黒柳孫（ママ）掛り之趣、小田原表ゟ追々役人相登り候由有之、右ニ付当町役人方にも為相頼来候ニ付、神領三が家迄役人共交る〳〵相詰、小前之者共召連居中、三ツ家帳番所前へ菊御紋付・高帳弐帳差出置、小前者共へはつひ着セ、

一、小田原御領分小人所々ゟ夜中登山、右御山所々手配　相成し申、

一、四日、当町小前共不残今朝ゟ差出、御関所遠見之処、夜中立切番相頼被申候趣、今日家老大久保五右衛門殿被登候節も当役人共へ挨拶、御院主様へも宜と直伝有之由、昼夜相免に御関所にも役人共之内、壱人小前召連

相見舞申事、
一、五日、御関所江右非常見舞御使僧員純房手札、金剛王院使僧永養院と相認被差遣候、
四日、大久保五右衛門殿ゟ役人共方に酒三升被相送候而、挨拶有之候趣、
一、五日、今日大久保五右衛門殿、湖水御要害廻り候ニ付、此方役人立合呉候様通達有之、当役人共之内　差遣、
一、六日、御関所江当町小前共昼夜罷出候ニ付、為米代金壱両御上より被下置候、治右衛門承り、
一、八日夜、内役人土方円平被差遣、三ツ家へ相詰候、
一、八日、今日磯廻り被致ニ付、立合呉候様申来、治右衛門・左善罷出、御関所役人番士寺原助次郎・定番代清水仁三郎、右両人罷出候、
一、九日、今晩三ツ家当町張番長々之儀故、引取呉候処、挨拶有之、右之段御関所ゟ申越ニ付、役人共初小前者共不残引取候、
一、十日、新箱根小田原町問屋下役を以、当役人久太夫・同治右衛門方迄、当山石高并諸堂社寺地何軒・町家数山上山下人数等ニ至迄書付呉候様願来、何とも如何訳ケ哉、相しれ不申ニ付、伊織ゟ治右衛門を以右之段承り差遣候処、小田原家老大久保又右衛門殿相頼遣候趣ニ相聞申候、当山御修復所之儀、右様之儀用意相認遣候儀仕がたく、久太夫ゟ当町数并人数認差遣筈相談有之、
一、十一日、今日昨日相願越候儀ニ付、当町家数人数だけ相認差遣候処、又々日数四五日手間とるも不苦候間、所々手直し相認呉候様申越候趣ニ付、伊織ゟ円平に右之段如何仕可然哉之段、御上に相窺呉置候様伝言有之趣を以、内々御上に奉申上候、明日伊織窺罷出候筈、
一、十二日、今昼後治右衛門罷出、御関破り之者豆州田方にて相捕趣、右場所即刻番頭罷越候ニ付、折節雨天故

友合羽二十程借用之段、新箱根小田原町役人はふや四郎右衛門罷越、相願之趣を以罷出候、
一、八月二日より御関所越非常ニ付、新家伊右衛門宅に当町役人小前者召連、同九日夕方迄出役中、人数〆高蠟燭諸入用高取調帳役人治右衛門持参、〆高為後覧写置、
惣〆人足百五拾人
外ニ役人代頭立者五拾六人
右二口〆弐百六人
諸入用高
弐拾弐貫五百八文
外ニ組親之者弐人宛相詰候
此人数〆拾四人
役人昼夜ニ而出張人数九拾人
惣人数〆三百拾人　但し昼夜ニ而ケ様相成候
右之通人足出役并諸入用相掛候ニ付、小前者共役米・元米壱升宛、此米弐石、外ニ小遣金弐両有之、返被下置候様役人共一統願出、御聞済被下置候事、
一、廿二日、磯廻り久太夫・右近・治右衛門・左兵衛・源八・水主者小右衛門・平吉、右神宮山近辺見分参り候、
一、箱根御関所非常一件ニ付、町方諸入用取調願出候ニ付、左之通り被下置、受取一札差上候、
右によると、薩州の旅人二人が箱根関所の裏の屏風山を越えて通行しようとしたが、駿州田方郡で捕えられた経緯が詳しく記録されている。この関所破りに動員された農民の惣人数は三一〇人と記録されている。しかし、この記録

では処刑された場所については記されていない。

【史料5】天保十一年（一八四〇）五月「仙石原御関所山越一件」（『箱根関所史料集』二、四一八～四二一頁）

（表紙）
「天保十一年
仙石原御関所山越一件
庚子五月　」

天保十一庚子年五月十五日、御関所御要害山越仕候者人別帳御吟味ニ付、申口、

生国上野之国勢田郡前橋村宝印　但し さいもん読、　年三十四才　活柳

同国同郡同所　年廿七才　女房ミつの

生国奥州会津米汲村宝印　活柳弟子　年廿三才　岩元

江戸神田作間町出生宝印　但し 参現之下参読　年廿六才　善教

出生房州所不知申
幼少之節、品川に参居申候、
三ヶ年修行、　年廿壱才　女房はる

生国江戸麴町壱町目　善教弟子　年四十才　竜山

〆囚人六人　内女弐人

右六人之者共、五月十五日御要害山越候ニ付、同日御関所様ゟ早速取方ニ御出被成候由ヲ、早々村役人江御沙汰御座候而、御取方御役人中様方、定御番人石村五郎左衛門様、御先手原沢金治郎様・富永啓次郎様、外ニ当村ゟ村筒壱人、御召徒〆四人御出被成、其跡御関所様江追々村筒相勤申候処、同月十八日沼津宿川くるわ松原ニ而被召捕、其夜沼津泊り、十九日御厨佐野村江泊りニ而、夫ゟ廿日神山村継ニ而、御殿場村昼認メニ而御先触参り候得共、小田原ゟ御先手組御間ニ合兼候故、当村江被仰付村筒不残罷出、御殿場村江参り、御取方御役人と同道為堅メ仕参り候、囚人山籠ニ而六挺、此人足拾八人、外ニ雑物持人足共御厨人足ニ而、当村江持越、廿日七ツ時頃当村ニ而請取、囚人宿長安寺に御座候、同日朝於御関所囚人壱人宛御呼出シ御吟味御座候、同日小田原ゟ手がね御持参ニ而、御同身方御三人御出被成、并右之御取方衆御弐人、外ニ村筒九人、其外当村中不残、宮城野村不残参り、両村役人立合昼夜番仕居候処、同廿一日小田原ゟ御物頭篠窪虎之丞様御馬ニ御召御出被遊候、御先手組小頭様共拾人・御召徒御仲間拾壱人、〆廿壱人、暮六ツ時頃御関所江御入、御関所に御泊り、馬共、翌廿二日四ツ時右囚人御請取被遊、御引払ニ相成申候、

一、湯本村番人弐人、廿一日参り、そと見廻り為致申候、

一、御関所候番士御当番川添惣之助様・定御番人石村五郎左衛門様・同杉田佐右衛門様・御番士村山清助様、小田原ゟ御登り、同月廿日惣立合ニ而候吟味被為在候、

一、同日五ツ時頃、御趣法山口栄三郎様小田原ゟ御出被成、当村・宮城野村両村に手退無之様、夫々に御世話被遊被成下候、

御注進次第

一、仙石原　御関所御要害山越御座候と、五月十五日御掛様に口上ニ而御届ケ奉申上候、
一、右之山越六人、廿八日沼津宿手前ニ而被召捕候次第、御掛り様江口上ニ而御届ケ奉申上候、

届書之扣

乍恐以書付御届ケ奉申上候御事

仙石原　御関所御要害山越仕候囚人六人、内男四人女弐人、今日昼七ツ時頃仙石原村江御差置被遊、私共両村江昼夜共、番被仰付候ニ付奉畏、役人共附添、小前之者共代々仕候、此段乍恐以書付御届奉申上候、以上、

天保十一庚子年五月廿日

仙石原村　惣役人　連印
宮城野村　同　断

小川共蔵　様
男沢茂大夫様
小立順助　様

御引払之御注進書之扣

乍恐以書付御届ケ奉申上候御事

去ル廿一日ゟ当村に御差置被遊候囚人六人、今廿二日四ツ時御召下り候ニ付、村方引払ニ相成申候、此段乍恐以書付御届ケ奉申上候、以上、

天保十一庚子年五月廿二日
仙石原村
宮城野村
役　人　連印
同　断

小川共蔵　様
男沢茂大夫様
小立順助　様

同月廿八日当村・宮城野村両村惣役人、御目付所江御呼出シ有之候而、山越之様子御尋被遊候処、御尋之儀は、当村ニ而山越之者共を見附候者無有之御尋ニ而、役人壱人吟味ニ御座候処、役人共申上候は、於当村は見附候者壱人茂無御座と申上候、然ル処、御関所様ゟ山越之者有之候と御沙汰ニおよび相驚、早速小前之者相集メ、あやしき儀見聞ニおよび候哉ニと申候得共、壱人茂無御座候と申上候、右之通り申上候而、両村廿九日罷帰り申候、
其後六月十四日、惣役人当村・宮城野村両村御呼出シ有之候処、此日口書と相成申候、口書之下書左ニ附置申候、

仙石原村

御吟味ニ付、乍恐以書付奉申上候御事
当村御関所ヲ除キ山越仕候無宿活柳外三人并女共両人、被為召捕御吟味被為在候処、温泉筋徘徊仕、去月十五日御関所七八町手前ゟ左之方に這入山越仕候段、奉申上候ニ付、其節私共一同怪敷儀見聞およひ候儀無之哉、

第一私共守方之儀ハ、兼々厳重被仰付置候儀も御座候処、右様之儀出来仕候段、平日等閑ニ相心得居候儀と御察問之上、有躰奉申上候様被為仰聞候、
此儀去月十五六日頃は当村稲作仕附最中ニ付、私共始一同田場に日々罷出居、夫々世話仕、御要害之内見渡り候処も御座候得共、怪敷儀見受候儀は猶更一同何之心附候儀も無御座候処、御関所様ゟ山越之者御座候ニ付、罷出候様御沙汰ニ付、私共一同相驚キ早速小前共相集メ追々相詰、御番士様江相伺、夫々御差図ヲ受、姥子辺ヲ始メ其外御要害之山々無残所相尋候得共、一向相知レ不申、彼是心配仕候内、同月十八日沼津宿手前ニ而修験之者四人・女両人被為召捕候趣ニ而、彼等申口ニは、御関所七八町手前ニ而沢水ニ添参り候由、右ニ付、同所見分仕候得ば、往還道学大窪と申沢有之、右ゟ少々左ニ入、木の葉ヲ相敷相休候様子も相見江、全沢水通り大ヶ嶽ニ相懸り、姥子江罷出候儀ニも可有御座哉ニ付、尚御沙汰ニ寄、夫々御〆り薄キ場所等御〆り筋被仰付、尚小前一同十五日之儀篤と相尋候処、右様不容易儀出来候上は、全ク平日申談薄ク守方不行届候段、御察問之上は不調法至極奉恐入候、
右御吟味ニ付、少茂相違不申上候、以上、
天保十一庚子年六月十四日　仙石原村 役　人
御目付所様

右之通口書御掛り様江茂奉差上候、
天保十一庚子年六月　仙石原村 与頭 嘉兵衛

同　田左衛門
同　丈右衛門
同　次郎左衛門
百姓代　清八

小川共蔵様
男沢茂大夫様
小立順助様

右は天保十一年五月十五日に仙石原関所を山越えしようとして捕えられた六人についての吟味次第である。このように関所破りの記録はかなり存在する。

おわりに

以上で箱根路脇往還の説明を終わるが、これまで述べてきたとおり、箱根関所の脇往還の根府川・仙石原・矢倉沢、そして川村・谷ヶ村五か所に設置された小田原領の関所が、鉄砲改めや女改めに極めて重要な役割を果たしていたことが明らかになったと思考している。また、矢倉沢・仙石原・川村関所では通行人の取り締まりのほか、甲州方面から送られてきた多彩な木材商品から十分の一税と称する通行税を賦課徴収していたことも、注目に値するであろう。

なお、これらの点については先述の渡辺和敏氏の『東海道交通施設と幕藩制社会』の第十一章でも論述されているので、合わせて参照していただければ幸いである。

第三編　箱根宿

はじめに

このたび筆者は、これまでほとんど顧みられなかった東海道箱根宿の研究を思い立ち着手してみたが、箱根宿はたび重なる火災や地震のため残存史料も少なく、十分な成果をあげ得なかったが、現在までの成果をまとめて発表することにした。

東海道の宿場や助郷制に関する研究は、これまで渡辺和敏氏の『近世交通制度の研究』（吉川弘文館、一九九一年）や同『東海道交通施設と幕藩制社会』（岩田書院、二〇〇五年）、宇佐美ミサ子氏の『近世助郷制の研究』（法政大学出版局、一九九八年）そして同『宿場の日本史—街道に生きる—』（吉川弘文館、二〇〇五年）、そのほか静岡県地域史研究会編『東海道交通史の研究』（清文堂出版、一九九六年）、さらには『三島市史』（中巻「第七節　江戸時代」）、それに箱根町立郷土資料館の館報一五号に掲載されている「一夜湯治一件資料」（大和田公一氏寄稿、箱根宿と湯本村との係争）の諸文献など、さまざまな視点から論及されているが、なお未開拓の分野が残されているように思われる。

そこで筆者は、東海道でもっとも難所とされる箱根関所とほぼ同時期に開設された箱根宿について、これまでの先人の研究を補足してみたいと考え、研究に着手した次第である。

第一章　箱根宿の沿革

箱根宿の創設はいつ頃まで遡ることができるのであろうか。この点については、「新編相模風土記稿」（二―七三）に、つぎのように記されている（『幕府法令 上』八二～八三頁）。

○箱根宿波古祢志由久足柄郷に属す、江戸より行程二十四里、東海道五十三駅の一なり、正保及元禄の国図并に箱根町と記す、相伝ふ、此地宿駅を置れしは、元和以後の事なり、関西の諸侯朝覲往還の時、箱根山の嶮峻にして、且郵駅路遠く、越易からざるを以て、元和四年、松平右衛門大夫正綱仰を奉り、山野を闢き、三島豆州の属、・小田原両駅の民を遷され、此地に新駅を置る、是を以て今宿内に三島町・小田原町の二名あり、（中略）此時三島御代官八木次郎右衛門重明、小田原御代官中川勘助安孫等より、宿内駅馬の役を勤る輩に、夫食米三千俵を賑給ありしとなり、以前は今の蘆川町の辺に、民家纔にありて、山杓子を細工し、箱根権現の坊中へ鬻ぎて、活計となせり、故に当時は杓子町といへりと、

右により、元和四年（一六一八）に峻険の箱根山頂に豆州三島宿・小田原宿の宿民を移住させて設立されたことが明らかとなる。

また、この点については嘉永三年（一八五〇）の箱根宿脇本陣三郎右衛門の記述には「先祖儀は武田信玄御座候由、豆州韮山罷出、元和四年箱根山深山御伐開御取立之節、当宿江罷越住居仕」とあって先述の記録が裏付けられる（『箱

根関所史料集』三、二八一頁）。

次いで貞享三年（一六八六）四月十五日付の箱根宿のうち小田原町の差出帳により、同町の概況と人馬継立の仕法などを左に紹介しておこう。

「（表紙）
　貞享三年
相州西富郡足柄郷箱根小田原町指出帳
　寅四月十五日
　　箱根小田原町」

一、御伝馬家数　五拾軒之内　名主家一軒
　　　　　　　　外隠居家三軒
一、新町茶屋家数　拾九軒
　　　　　　　　外ニ裏屋三軒
一、新屋町茶屋家数　拾一軒
　　惣家数　八拾七軒
　　惣人数男女六百廿七人内　弐百八拾八人男　三百三拾弐人女　七人　出家
一、御役馬数　五拾疋
一、寺弐ヶ所　内　禅宗壱ヶ所　番禅院　法花宗壱ヶ所　本迹寺
一、庚申堂　壱ヶ所

一、御伝馬五拾疋、但半宿分右之馬其外御参勤大分御通之節者、小田原、三島宿通申候、
一、御朱印伝馬之儀者、小田原、三島ゟ御定之駄賃銭半分取半役仕候、
一、御国廻衆様御通之節、御朱印伝馬者半役、其外駄賃馬出シ申候、
一、人足役之儀ハ前々ゟ御赦免ニ而御座候、
一、御公儀様御飛脚宿継ニ而人足役仕候、
是者、御米三拾八石三升宛毎年被下候、
一、御公儀様、御目付様、御奉行様方御通之時分者、三島、小田原江見届人足指越候、并御荷物手伝人足出し申候、
一、二条、大坂、駿府御両所様、御上下之時分、御荷物口伝人足出し申候、
一、御関所御破損之節、万事入用人足御用次第ニ出シ申候、但御関所御立直シ被為成候節者、伊豆人足参候其時分者、町人足者壱人も出し不申候、
一、御関所毎日御番御替之時分、掃除人足壱ヶ月ニ八人宛出申候、冬雪降申候時分ハ人足数多出シ申候、御上使様、其外御馳走之御大名様方御通之時分者、人足多出シ申候、
一、船　　三艘薪船、
一、毎日弐度宛御関所衆中様方海廻被候、船こき人足四人宛一廻ニ出申候、
一、当町橋数　　四橋　長三間拾弐間板橋、
長三間半横三尺壱ヶ所同断、
長三間横一間壱ヶ所同断、
右之橋、御掛ケ直シ并御破損者、小田原ゟ被為成候、

一、往還道普請并掃除人足之儀者、在々御百姓人足口参り相勤申候、

一、御高札場壱ヶ所御座候、但御高札場材木ハ御地頭様ゟ被下候、人足者郷中ゟ出シ申候、

一、御留山町裏御座候御札ハ、前々ゟ立不申候、
　御関所其外材木御用之節者、御切セ御遣被成候、

一、御留山、屏風山ぎわゟ松尾山迄、長拾町程、沢きわゟ峰迄三町程、木ハ造の木、樫ハふな木、其外雑木ハ御座候、

一、海尻台ヶ嶽山御林ニ而前々竹木御訴証申上候而、破損之時分者町之者ニ被下候、

一、御関所御番替之時分者、御知行取衆様ハ上下共ニ駄賃馬ニ御乗被成、御足軽衆御用之御荷物、御村継ニ相勤メ申候、

一、前々御役人様方御越被成候節者、野菜賄小前之者ゟ差出申候、

一、当町請□（隼）人医者外料無御座候、

一、当町ゟ小田原迄、道法四里八丁御座候、

一、村境東之方三ツ屋ゟ御関所迄八町、御関所ゟ小田原町之内御殿町三町拾七間、

一、御殿ゟ見崎町三町五拾七間、

一、瀬古津□（橋）あり、御境木迄拾四丁、

一、火之用心自身番壱時替ニ弐人宛相勤、風吹候時分者大勢罷出申候、十月ゟ三月迄仕候、
　其外風吹候得者自身番仕候、

一、三ツ屋ゟ御境木之内往還之衆、死人又ハ□死者御座候者、御番所迄御訴申上候、

一、呑水者御殿山沢ゟ出申候、水をとひニ而取申候、
火之用心之ため家々之前ニ□を敷置候、
一、前々御地頭様月極ニ者御銭三百貫文宛御拝借仕、明ル六月上納仕来申候、
一、箱根町立始者六拾九年已前、元和四午年ニ而御座様候、其時分当地家屋敷御役馬無御座候、
故三嶋小田原ゟ御公儀様江御訴証申上候者、箱根ニ新町御取立被下候而、馬之息次仕度之由申候ニ付、則小田原ゟ五拾人、三嶋ゟ五拾人参、箱根町相立候故、三崎町、小田原与支配分り申候、

（中略）

右当町之儀ハ田畑一切無御座候ニ付、御年貢其外地子何ニ而も納物無御座、町立始時分ゟ如右御座候、
若相違之儀御座候ハヽ、何様之曲事ニも可被御付候、
為其名主年寄加判仕差上申候、為後日之仍而如件、

貞享三年
寅四月十五日

名主　弥生太右衛門
年寄　角右衛門
同　吉部右衛門
同　佐五右衛門
惣町代判　文左衛門

御郡代所様

（箱根町立郷土資料館　石内家文書）

右の指出帳によると、箱根宿のうち小田原町の総家数は八七軒で、男女合わせて六二七人が存在していたことがわかる。

また、宿場の伝馬一〇〇疋のうち五〇疋を継立てしていたが、人足役は御免となり、公儀の継飛脚だけ担当していたことが判明する。これにより、人足役は小田原・三島両宿が箱根を通り越して継立てしていたことが明らかとなる。そのほか、関所の掃除人足や大名通行の時などは、人足を多く差し出していたことも判明する。

なお、箱根宿の創立については、六十九年以前の元和四年（一六一八）であること、その当時小田原から五〇人、三島から五〇人が移住し創立したこと、そして当町には田畑が皆無であることなどが詳しく記されている。

それから時代は下るが、近世後期の箱根宿の概況について説明してみよう。

享和三年（一八〇三）十一月付「箱根宿明細書上帳」（『神奈川県史』二三四〜二四三頁）から箱根宿に関する主な記事を紹介してみると、つぎのとおりである。

「（表紙）
享和三亥年十一月
御分間御絵図御用
宿方明細書上帳控
東海道箱根宿
小田原町」

江川太郎左衛門（英毅）御代官所
大久保安芸守（忠真）領分

一、相模国足柄下郡足柄郷　箱根宿
一、江戸江道法弐拾四里
一、江戸之方小田原宿江道法四里八丁
一、上之方三嶋宿江道法三里弐拾八丁
一、豆州・相州国境之儀字御境目ニ御座候、

但、傍示杭之儀者、御代官江川太郎左衛門様ゟ御建被成候、

一、宿高無御座候、

一、右高新田之分無御座候、

一、右掛り物に外役人足等無御座候、

一、畑村境天ケ石ゟ山中新田村境御境目迄宿内往還長四拾弐町五間程、　道幅弐間ゟ四間迄

宿内町並　三島町 小田原町 丑未之方

上之方芦川町東西ニ御座候、

江戸之方新川辰戌ニ御座候、

町並長七町拾五間

内
三町五拾七間　江川太郎左衛門御代官所　□□

三町拾五間　大久保安芸守領分　□□

五拾間

御関所外大久保安芸守領分　新谷□

右往還通道橋御普請之儀者、大久保安芸守様ゟ御手入御座候、尤三町五拾七間之儀者、御代官江川太郎左衛門様御役所ゟ御取扱に御座候、

一、往還通一躰山坂に御座候、

一、享和三亥年改宿内人別八百九人　内 男四百弐拾五人 女三百八拾五人

一、宿内惣家数百九拾六軒

此内三拾壱軒当時潰家
但百八軒　　御伝馬役
　八拾八軒　　歩行役
内拾五軒宿内江戸之方
　御関所先新屋町

内
本　陣 凡百九拾坪程
　玄関・門構御座候、 三嶋町北側 平左衛門
同 凡百三拾弐坪程
　玄関・門構御座候、 同町同 又左衛門
脇本陣 凡百四拾七坪程
　玄関・門構御座候、 同町南側 三郎右衛門
本　陣 凡百四拾七坪程
　玄関構御座候 小田原町□ 佐五右衛門
但、焼失已前立（建）坪百九拾坪程、当時仮家に御座候、
同 凡百三拾六坪程
　玄関・門構御座候、 同町同 善左衛門
但、焼失已前立坪百六拾坪程、当時仮家に御座候、
同 凡百五拾九坪程
　玄関・門構御座候、 同町同 弥平太
同 凡百拾七坪程
　玄関・門構御座候、 同町南側 弥五左衛門

旅籠屋三拾六軒
内大旅籠屋七軒
　中旅籠屋拾弐軒
　小旅籠屋拾七軒

一、地子御免許宿内一躰に御座候、
一、地子御免許役無御座候、
一、米七石　　問屋給

是者寛文五巳年従　御公儀様頂戴仕候、右米之儀者毎暮豆州韮山御代官江川太郎左衛門様御役所より御渡し
被下置候、
一、米七拾六石六升　御伝馬并御継飛脚給□米
是者寛永十酉年従　御公儀様ゟ頂戴仕候、右御米之儀ハ毎暮豆州韮山御代官江川太郎左衛門様御役所より御
渡被下置候、
一、字新町宿高札場　但長壱丈九尺五寸横六尺五寸　高壱丈四尺　内石垣高弐尺
一、正徳元（年脱）人足賃銭御高札壱枚
此写定
箱根ゟ駄賃并人足賃銭
小田原迄荷物壱駄　五百弐拾文
乗掛荷人共　同　断
から尻壱疋　三百三拾八文
附たり、あぶつけハ軽尻ニ同し、夫より重き荷物ハ本駄賃銭に同しかるへし、夜通し急キ通る輩ハから
尻にのるとも、本駄賃銭と同前たるへし、
人足壱人　弐百五拾七文
三嶋迄荷物壱駄　四百七拾七文
乗掛荷人共　同　断

から尻壱疋　　三百拾弐文
人足壱人　　弐百三拾八文
泊々ニ而木銭
主人壱人　　三拾五文

右によると、宿内人別は八〇九人で、内男四二五人、女三八五人、宿内家数は一九六軒であった。また、右のうち伝馬役が一〇八軒、歩行役が八八軒であった。

本陣は三島町北側に平左衛門家があり、玄関門構えでおよそ一九〇坪、もう一軒の又左衛門も玄関門構えでおよそ一三二坪であった。小田原町の本陣佐五右衛門は火災のため仮家であったが、玄関門構えでおよそ一四七坪であった。そのほか、脇本陣は三島町の三郎右衛門が勤め、建坪は一四七坪で玄関門構えの邸宅であった。それらを合わせると本陣が六軒、脇本陣が一軒で、合わせて七軒が大名等の宿泊や休息の御用を勤めていたことが判明する。これらは中山道の本陣・脇本陣の施設よりもかなり多いように思われる。さらに、一般旅人の宿・休泊にもあたっていた旅籠屋は、大中小を合わせて三六軒であった。

なお参考までに、嘉永三年(一八五〇)のこれら本陣・脇本陣の由緒書を左に付載しておこう(『箱根関所史料集』三、二八〇～二八一頁)。

本陣
平左衛門

本陣平左衛門先祖之義、甲州武田家臣之由申伝ニ御座候、落城以後豆州辺ニ罷在、其後当宿御取立之節当宿江罷越候由、其節ゟ当時迄代々平左衛門ニ而十代相続仕候、書類之義者火災ニ而焼失仕候由、素々ゟ申伝御座候、業躰之儀者御往来御休泊一筋ニ而相続仕候、

本陣
又右衛門

本陣又右衛門義者、右平左衛門三代目二男ゟ分家仕本陣相勤申候由、年代之義者元禄年中ニ御座候、当時迄ニ而六代相続仕候、業躰之義者御往来御休泊一筋に御座候、

本陣
佐五兵衛

本陣佐五兵衛先祖之義者一切相分不レ申候、元和年中御取立之節ゟ本陣相勤来申候、当時迄ニ而拾四代相続仕候、往古之義篤と承知不レ仕、委細難レ奉二申上一候、外余業無二御座一候、御往来助成ニ而漸相続仕候迄ニ御座候、

本陣
覚右衛門

本陣覚右衛門先祖之義者、甲州武田家臣土岐八右衛門尉定信末と申伝、三州御田村に住居致、其後天正年中相州小田原に引越、元和年中箱根宿御取立之砌、川田覚右衛門と替名致本陣相勤来、其節ゟ当時迄代々覚右衛門ニ而九代相続仕候処、天明度之火災ニ而書類等之儀焼失仕相分り不レ申候得共、素々ゟ申伝に御座候、業躰之儀者田畑山林無二御座一、御休泊一筋之助成ヲ以相続仕候、

本陣
弥平太

本陣弥平太先祖之義、相州三浦家三浦清元鎌倉荏柄ニ住居有故氏ヲ石内と改メ、其孫石内四郎左衛門明順享保（禄カ）四卯年相州小田原江引移、元和年中箱根宿江罷越候由申伝、当時迄十代ニ御座候、尤書類無二御座一候、業躰之義者本陣一筋に相続仕候、

本陣
弥五左衛門

私義先祖甲斐信玄家臣原美濃守と申、戦国之時分度々高名有レ之由ニ而、信玄公又原が高名候哉と度々御意有レ之候由、其後小田原在板橋村ニ罷在候処、当宿御取立之節罷出本陣相勤申候、先祖軍功之義ヲ以苗字ヲ又原と申候由御座候、当時迄ニ而八代相続仕候処相違無二御座一候、

先祖義者武田信玄家臣ニ御座候由、豆州韮山ニ罷在、元和四午年箱根山深山伐開御取立之節、当宿江罷越住居仕、
其後元禄年中急火ニ付書類焼失仕、右申伝ニ相成居申候、脇本陣相勤、九代ニ相成申候、
右御尋ニ付乍レ恐以二書付一奉二申上一候、

脇本陣
三郎右衛門

江川太郎左衛門御代官所
大久保加賀守領分
東海道箱根宿
両町
本陣印

それから児玉幸多編『近世交通史料集四　東海道宿村大概帳』にも天保十四年（一八四三）の箱根宿の概要が記されているので、人馬継立に関する記事を紹介してみると、つぎのとおりである（一七二一〜一七三頁）。

定

来辰正月ゟ来ル申十二月迄五ヶ年之間、駄賃并人足賃銭弐割増之上江二割増、都合五割増レ之、

小田原迄	
荷物壱駄	七百七拾八文
乗掛荷人共	同　断
軽尻馬壱疋	五百九文
人足壱人	三百八拾六文
三嶋迄	
荷物壱駄	七百弐拾文

乗掛荷人共　同　断
軽尻馬壱疋　四百六拾六文
人足壱人　三百五拾七文
右之通可レ取レ之、若於二相背一者可レ為二曲事一もの也、
天保十四年卯十二月

一、人馬継問屋場弐ヶ所
内
壱ヶ所　字三嶋町
壱ヶ所　字小田原町

奉行
問屋三人
問屋格壱人
名主壱人
年寄三人
勘定役四人
帳付七人
同見習拾人
馬指三人
同代り六人
小夫四人

右問屋場弐ヶ所毎月十日代り相立、問屋壱人・年寄壱人、其外宿役人共日〻相詰勤来、尤重き通行有レ之
　節、宿役人一同罷出取扱来、

一、宿建馬百疋
　内　五疋　定囲
　　　拾五疋　臨時御用囲

一、此宿之儀ハ、山上無高之宿にて助郷村〻無之、御定人馬百人・百疋之内、人足ハ御状箱・御用物ニ限継合いたし、其余
御朱印・御証文にても人足ハ継合不レ仕、小田原・三嶋両宿ニ而継通申候、尤御用物にても百人以上之継合相成候節ハ百人迄継合、其余ハ小田原・三嶋両宿人足を以継通しいたす、馬ハ前後両宿ゟ継来候宿馬之分ハ継合、両宿助郷馬にて継来候分ハ、継合不レ致仕来之由、

右によると人馬継ぎ問屋場は二か所で、そのうち一か所は字三島町にあり、問屋は三人、他の一か所は小田原町にあり問屋格が一人、そのほか名主一人、年寄三人、勘定役四人、帳付七人、馬指三人がいたことがわかる。また、人馬継立に従事していた建馬は一〇〇疋であった。

なお、最後の一か条には、「山上無高之宿にて助郷村〻無之」とあって、他の宿場では一〇〇人一〇〇疋のほか宿駅周辺の村々から助郷人馬を徴発して人馬継立をしていたが、箱根宿は周辺に村落がないため、宿駅の人馬中心で継立をしていたことが注目される。この点については後述するであろう。

以上が宿村明細帳などからみた箱根宿の概況である。

第二章　東海道の人馬継立と箱根宿の困難

第二章では、東海道宿駅が一体どの位の人馬継立をしていたのか、これまでの研究では言及されていないので、この点からまず明らかにしておきたいと思う。

それに先き立ち、東海道でもっとも通行数が多かったと考えられる通行大名について紹介してみよう。近世後期になるが、文政七年（一八二四）の通行大名の禄高と藩・大名について記した「道中方秘書」（『近世交通史料集』十、吉川弘文館、一九八〇年）により作成したつぎの表1を見ると、禄高一万石以上の西国地方の大名は実に一四七人にものぼっている。これらの大名のほとんどが参勤交代で東海道を通行していたのである。

それでは、これらの大名がどの位の人馬を使用していたのか、おおよその目安になると思うので、享保六年（一七二一）十月付の「参勤大名従者制限令」（『幕府法令　上』三九一頁）を左に紹介しておこう。

覚

一、諸大名参勤之節、従者之員数不レ可レ及二繁多一之旨、御代々御条目ニも被二仰出一候、然共在江戸中、御番所・火之番等被二仰付一候ニ付て、人数多ク被二差出一候、依レ之自今以後、在江戸相応に、大概人数之御定被二仰出一候事、

一、近年は江戸にて御用被二仰付一候節、下人之内え雇人を差加、勤させ候様ニ相聞候、向後右体之儀堅無用ニ

候、殊今度人数之儀被二 仰出一候上ハ、御定之通急度人数召置可レ被レ申候、若又少々余り之人数有レ之候とも、差出被レ申間敷候、尤不相応之場所ハ被二 仰付一間敷候、万一人数御用之時ハ、勿論領内より人数召寄、御軍役之通、堅可レ被二相勤一事、

弐拾万石以上

馬上　拾五騎より廿騎迄但自身被二召連一候共

足軽　百弐三拾人

中間人足　弐百五拾人より三百人迄

拾万石

馬上　拾騎

足軽　八拾人

中間人足　百四五拾人

五万石

馬上　七騎

足軽　六拾人

中間人足　百人

壱万石

馬上　三四騎

足軽　弐拾人

	禄高	藩名	大名
6月	2万石	三州挙母	内藤山城守
〃	1万5000石	勢州神戸	本多伊予守
〃	1万2000石	三州田原	三宅対馬守
4月	7万3290石	肥前小城	鍋島紀伊守
〃	5万2600石	同　蓮池	鍋島摂津守
〃	3万6000石	摂津三田	九鬼和泉守
定村	3万5000石	肥後熊本	細川采女正
4月	3万石	因州新田	松平摂津守
〃	3万石	防州徳山	毛利大和守
定府	3万石	芸州広島 内証分知	松平近江守
4月	3万石	雲州広瀬	松平佐渡守
〃	3万石	予州吉田	伊達紀伊守
〃	3万石	肥後宇土	細川中務少輔
〃	2万6711石	丹波園部	小出信濃守
〃	2万5000石	備中芦(足)守	木下肥後守
〃	2万5000石	同　新田	池田勇吉
〃	2万石	江州大溝	○分(朱)部米吉
〃	2万石	備中庭瀬	板倉越中守
〃	2万石	肥前鹿島	鍋島学四郎
〃	1万9500石	丹波綾部	九鬼河内守
〃	1万8000石	備中新見	関備前守
〃	1万8000石	江州仁聖寺	○市橋主殿頭
6月	1万6000石	三州奥殿	松平逢殿頭
〃	1万3000石	江州宮川	堀田豊前守
〃	1万3043石	相州荻野山中	大久保出雲守
4月	1万5000石	備前新田	池田山城守
〃	1万5000石	但州豊岡	京極飛騨守
〃	2万0000石	因州新田	松平刑部
〃	1万5000石	播州三日月	森芝二郎
6月	1万3520石	泉州伯太	渡辺越中守
2月	1万2600石	肥前五島	五島大和守
4月	1万2500石	豊後森	久留島伊予守
8月	1万2000石	武州金沢	米倉丹後守
4月	1万1100石	和州小泉	片桐石見守
〃	1万1000石	勢州薦野	土方大和守
〃	1万3000石	備中岡田	伊藤播磨守
4月	1万0082石	丹波山家	谷鷹之助
〃	1万石	摂州麻田	青木民部少輔
定府	1万3043石	江州山上	稲垣安芸守

	禄高	藩名	大名
〃	1万石	同　丹南	高水主水正
6月	1万石	播州安志	小笠原信濃守
定府	1万石	三州西大平	大岡越前守
4月	1万石	和州芝府	織田左衛門佐
定府	1万石	同　新居	永井信濃守
〃	1万石	播州三草	丹羽長門守
4月	1万石	讃州多度津	京極壱岐守
6月	2万2777石	越前勝山	小笠原相模守
定府	1万石	同　敦賀	酒井飛騨守
4月	1万石	予州小松	一柳信濃守
定府	1万石	濃州大垣	戸田淡路守
4月	1万石	河州狭山	北条相模守
〃	1万石	和州柳本	織田大和守
〃	1万石	予州新谷 大州内分	加藤山城守
定府	1万石	江州三上	○遠藤但馬守
4月	1万石	播州林田	建部内匠頭
6月	1万石	同　山崎	本多肥後守
4月	1万石	同　小野	一柳対馬守
〃	1万石	肥前平戸新田	松浦大和守
6月	1万石	駿州小島	松平丹後守
定府	1万石	雲州母里	松平駿河守
4月	1万石	長州清水	毛利讃岐守
定府	1万石	濃州高留(富)	○本庄近江守
〃	1万石	和州柳生	柳生英次郎
〆高	1194万8200石		

『近世交通史料集』10「道中方秘書」(106～110頁)による。○印の分は「中山道ニ而も不順路には無之分」。

表1　文政7年(1824)東海道通行　大名と藩

	禄高	藩名	大名		禄高	藩名	大名
3月	55万5000石	紀州和歌山	紀伊殿	〃	6万石	予州大洲	加藤遠江守
〃	61万9500石	尾州名古屋	尾張殿	6月	6万石	江州膳所	本多下総守
4月	32万石	越前福井	松平越前守	2月	6万石	肥前唐津	小笠原主殿頭
5月	12万石	讃岐高松	松平讃岐守	4月	6万石	播州明石	松平左近将監
3月	77万8000石	薩州鹿児島	松平豊後守	〃	6万石	勢州亀山	石川主殿頭
4月	32万5000石	因州鳥取	(池田)松平因幡守	〃	5万8000石	但州出石	仙石美濃守
5月	35万石	江州彦根	○井伊掃部頭	6月	5万3000石	泉州岸和田	岡部美濃守
定府		紀州内分ケ	松平修理大夫	4月	5万1500石	讃州丸亀	京極長門守
4月	3万石	濃州高須	松平中務大輔	〃	5万1080石	日向飫肥	伊東彦松
〃	42万6000石	芸州広島	松平安芸守	6月	5万3007石	遠州掛川	太田摂津守
〃	31万5200石	備前岡山	(池田)松平上総介	〃	5万石	越前丸岡	有馬左兵衛佐
〃	54万石	肥後熊本	細川越中守	〃	5万石	備中松山	板倉阿波守
〃	36万9000石	長州萩	(毛利)松平大膳大夫	〃	5万石	丹波亀山	松平英之助
〃	10万石	作州津山	松平越後守	〃	5万石	三州岡崎	本多中務大夫
〃	10万石	予州宇和島	伊達遠江守	4月	5万3000石	勢州久居	藤堂佐渡守
〃	18万6000石	雲州松井	松平出羽守	〃	5万石	長州府中	毛利甲斐守
2月	35万7000石	肥前佐賀	(鍋島)松平肥前守	〃	5万石	筑前秋月	黒田甲斐守
〃	52万石	筑前福岡	(黒田)松平備前守	3月	5万石	越前鯖江	間部下総守
4月	32万3920石	勢州津	藤堂和泉守	3月	4万8000石	濃州八幡	○青山大蔵少輔
〃	21万石	筑後久留米	有馬玄番守	〃	4万石	駿州田中	本多豊前守
2月	10万石以上	対州府中	宗対馬守	〃	4万石	越前大野	土井錦橘
4月	24万2000石	土州高知	松平土佐守	〃	4万3000石	石州津和野	亀井大隅守
〃	25万7900石	阿州徳島	松平阿波守	〃	3万5000石	予州今治	松平壱岐守
5月	10万石	豊前中津	奥平大膳太夫	〃	3万5000石	遠州横須賀	西尾隠岐守
6月	15万石	同　小倉	小笠原大膳太夫	6月	3万5000石	丹後田辺	牧野豊前守
4月	2万石	丹波柏原	織田出雲守	〃	3万2000石	豊後杵築	松平志摩守
〃	11万9600石	筑後柳川	立花左近将監	〃	3万2000石	丹波福知山	朽木隠岐守
〃	5万1089石	播州竜野	脇坂中務大輔	〃	3万石	志州鳥羽	稲葉鶴之丞
6月	15万石	予州松山	松平隠岐守	2月	2万7970石	肥前大村	大村上総介
〃	15万石	播州姫路	酒井雅楽頭	4月	2万7070石	日向佐土原	島津築(筑)後守
〃	11万石タマリ	勢州桑名	松平越中守	〃	2万7600石	同　高鍋	秋月築(筑)前守
〃	15万1200石余	和州郡山	松平甲斐守	6月	2万5000石	江州水口	加藤孫太郎
〃	10万石	濃州大垣	○戸田釆女正	4月	2万5000石	豊後日出	木下大和守
〃	4万石	摂州尼崎	松平遠江守	6月	2万3000石	三州苅谷	土井淡路守
〃	10万2000石	城州淀	稲葉丹後守	〃	2万3000石	作州勝山	三浦備後守
4月	7万0400石	豊後岡	中川修理大夫	4月	2万2100石	肥後人吉	相良遠江守
6月	7万石	日向延岡	内藤備後守	6月	2万1200石	豊後府内	松平左衛門尉
〃	7万石	肥前島原	松平主殿頭	〃	2万石	勢州長島	増山河内守
〃	7万石	三州吉田	松平伊豆守	4月	2万石	播州赤穂	森越中守
4月	6万1700石	肥前平戸	松浦肥前守	〃	2万石	豊後佐伯	毛利出雲守

中間人足　　　　三拾人

一、只今迄小人数にて被二相勤一、事済候場所ハ尤其通たるへき事、

これらを見ると参勤大名のため相当数の宿駅人馬が継立に動員されていたことが推察できるであろう。

それではさらに東海道宿場の人馬継立について左に紹介してみる。

まず元禄十四年（一七〇一）五月十一日付「沼津宿継立人馬改帳」に記載されている人馬数を紹介してみると、つぎのとおりである（『幕府法令　上』二九二〜二九三頁）。

元禄十二卯年中寄

御朱印

伝馬三百九拾六疋

同

人足八百七拾三人

御証文

伝馬百拾弐疋

同

人足九百十四人

諸旅人馬五万五千七百五拾八疋

同断人足壱万八千百七拾弐人

合馬　五万六千弐百六拾六疋
　人足壱万九千九百五拾九人

此　訳

馬四万千八百弐拾八疋
人足壱万四千三拾六人　町

馬七千弐百七拾五疋
人足弐千九百九拾人　定助

馬七千百六拾三疋
人足弐千九百三拾三人　大助

元禄十三年辰年中寄

御朱印

伝馬五百九拾九疋

内弐百三疋　卯ニ増

同

人足千三百弐拾五人

内四百五拾弐人　卯ニ増

御証文

伝馬七拾疋

外四拾弐疋　卯ニ減

同

人足六百四拾八人

外弐百六拾六人　卯ニ減

諸旅人馬　五万四千百六疋

外千六百五拾弐疋　卯ニ減
同断人足壱万九千三百六拾四人
内千百九拾弐人　卯ニ増
合　馬五万四千七百七拾五疋
　外千四百九拾壱疋　卯ニ減
　人足弐万千三百三拾七人
　内千三百七拾八人　卯ニ増
此訳
町　馬四万六百五拾弐疋
　人足壱万三千四百弐拾三人
定助　馬七千四百三拾四疋
　人足四千四人
定助高三千弐百九拾五石
但高百石ニ付馬弐百弐拾五疋六分余
　人足百弐拾壱人五分余
大助　馬六千六百拾六疋
　人足三千九百拾人
大助高九千六百六拾六石
但高百石ニ付馬六拾八疋四分余
　人足四拾人四分余
馬七拾三疋原宿三島戻り馬
右、卯辰年中次立候人馬如レ斯御座候、以上、
巳四月

差上申一札之事

当巳正月より只今迄、沼津町助郷人馬不参之分書付出シ候へ由被二仰付一、奉レ畏候、沼津町之儀、正月より助郷

人馬不参者壱疋壱人も無二御座一候、以上、

元禄十四巳年

五月十五日

太郎右衛門

平左衛門

彦右衛門

太郎兵衛

四郎右衛門

加右衛門

半右衛門

如レ此認、山本源八郎殿へ上ヶ申候ひかへ、

（『静岡県史料』一―七六四、足助文書）

見られるとおり人馬継立総数は、合わせて馬五万六二六六疋、人足一万九九五九人となっている。これが近世前期のおおよその総数であり、これを中山道の場合と比較してみると、元禄十五年関ヶ原宿の継立総数は人足七八二〇人、馬二万一七五二疋となっているから、東海道宿駅の継立人馬の方が相当上回っていたことが判明する（拙著『近世東国の人馬継立と休泊負担』岩田書院、二〇一八年、五六〜五七頁）。

次いで近世後期になるが、文化元年（一八〇四）保土ヶ谷宿の人馬継立数について左に紹介してみよう（『幕府法令 下』一二一〜一二二頁）。

高　　御継立高

文化元子年正月分

一　人足三千六百八拾壱人

　　馬　千三百四拾弐疋

同二月分
一 人足四千六百八拾四人
　馬　千弐百七拾六疋
同

同三月分
一 人足八千弐百拾人
　馬　弐千弐百三疋
同

同四月分
一 人足七千六百四拾八人
　馬　三千三百七拾四疋
御継立高

同五月分
一 人足五千七百六拾三人
　馬　千八百弐拾八疋
同

同六月分
一 人足三千三百七拾七人
　馬　千五百拾弐疋
同

同七月分
一 人足四千八百七拾五人
　馬　千八百五拾三疋
同

同八月分
一 人足三千八百七拾壱人
　馬　千七百拾壱疋
同

同九月分
一 人足四千七百五拾壱人半
　馬　千九百八拾七疋
同

同十月分
一 人足三千四百八拾四人
　馬　千八百五拾壱疋
御継立高

同十一月分
一人足三千六百七拾三人
　馬　千六百七拾四疋　　同

同十二月分
一人足三千八百七拾四人
　馬　千六百五拾五疋　　同

文化元子壱ヶ年分
　合人足五万七千八百九拾壱人
　　馬　弐万弐千百六拾六疋（弐脱カ）　　御継立高

此訳ケ

御朱印・御証文御用人馬其外共
無賃人足壱万七千百六拾壱人
同　馬四百八拾四疋
賃人足四万七百三拾人
同　馬弐万千七百八拾（弐脱カ）疋

右勤訳ケ
一人足弐万八千百人
　馬　壱万四千八百八拾疋　　宿勤分
一人足弐万八千弐百三拾弐人
　馬　弐千八百弐拾四疋　　助郷勤分
一人足千五百五拾九人　　加助郷勤分
一馬　四千五百六拾弐疋　　前後宿秋高

右之通に御座候、以上、

（『神奈川県史』軽部文書）

右によると保土ヶ谷宿の文化元年の人馬継立数は、人足五万七八九一人、馬二万二一六六疋で、これも天保十四年（一八四三）の中山道安中宿の人足二万五〇六一人、馬二万六〇七五疋と比べると、東海道の方が人足数がかなり上回っていたことがわかる（『近世東国の人馬継立と休泊負担』九六頁）。

さらにもう一点、天保九年東海道舞坂宿の事例を紹介してみると、つぎのとおりである（『幕府法令　下』二五五頁）。

数

（中略）

人足三万九千八百拾六人□□（七分）

馬壱万弐千八百八拾五疋

此訳

御朱印　人足五百三拾四人　馬弐百六拾八疋

御証文　人足壱万五千百七拾五人五分　馬百拾七疋

賃　人足壱万七千五百九拾一人弐分　本馬八千五百三拾六疋　軽尻三千七百五拾壱疋

尾州様 紀州様 御用　人足五百七拾壱人　馬百七拾六疋

元賃　人足百人　馬弐拾三疋

添　人足千九拾三人　馬拾四疋

川場
手伝
下働　　無賃人足千百弐拾九人
御先触
御用状
遠見
杖払
袴着
宰領　　同人足三千六百拾九人
助郷人馬呼出し
挑灯燈(ママ)
馬手脇
人足弐万三千三百三拾五人七分　宿勤
馬壱万四百五拾八疋
人足壱万六千四百八拾壱人　助郷勤
馬弐千四百弐拾七疋
但宿雇に相成候分茂有レ之、

右者酉正月ゟ十二月迄日々立合巨細相改、月限〆揚候所書面之通相違無二御座一候、且賃銭渡方人馬遣訳共聊無二申分一相済候上者重而出入ケ間敷儀無二御座一候、依レ之宿・助郷調印如レ件、

天保九戌正月　　舞坂宿
問屋　那須田又七㊞

これを見ると天保九年舞坂宿の人馬継立数は、人足三万九八一六人余、馬一万二八八五疋であったことがわかる。また、右のうち助郷勤の人足は一万六四八一人、馬二四二七疋で、相当の人馬が助郷村から動員されていたことが判明する。

ところで箱根宿が東海道の他の宿場と比べて人馬継立にあたり大きな差異は、第一章で紹介した天保十四年十二月付の「定」にも「山上無高之宿にて助郷村ゝ無之」とあるとおり、助郷人馬の助成が全く無かったことである。箱根宿は箱根山頂を開拓して設立した宿場のため、周辺に村落が無く助郷村の設定ができなかったのである。

東海道で助郷村が無い宿場は、由比・箱根・伏見・名古屋の四宿だけである（『日本交通史料集成』第壱輯、五駅便覧、六六頁）。したがって人馬継立が他の宿場に比べていちじるしく困難であったのである。この点については後述する。

また、東海道で宿場間の人馬継立距離がもっとも長かったのは、左のとおり（〇印）小田原・箱根間四里八丁であった（「道中方秘書」『近世交通史料集』十、三三二頁）。

武州荏原郡品川ゟ	六合川船渡し	弐里半	御料
同　橘樹郡川崎		弐里半	同
同　　　神奈川		壱里九丁	同
同　　　保土ヶ谷		弐里九丁	同
相州鎌倉郡戸塚		弐里	同
高座郡藤沢	馬入川船渡し	三里半	同
同　大住郡平塚		拾七丁	同
同　陶綾郡大磯	酒匂川歩行越	四里	同
〇同　足柄下郡小田原		四里八丁	私領城下
〇同　箱根		三里廿八丁	御料私領、分郷
豆州君沢郡三嶋		壱里半	御料

駿州駿東郡沼津		壱里半	私領城下
同　原		三里廿弐間	御料
同　富士郡吉原	富士川船渡し	弐里半十二丁廿三間	同
同　庵原郡蒲原		壱里	同
同　由比	興津川歩行越	弐里十弐丁	同
同　興津		壱里弐丁	同
同　江尻		弐里廿五丁	駿府町奉行支配
同　安倍郡府中	安倍川歩行越	壱里拾六丁	同
同　有渡郡丸子		弐里	同
同　志太郡岡部		壱里廿六丁	
同　藤枝		弐里八丁	私領
同　嶋田	大井川歩行越	壱里	御料
遠州榛原郡金谷		壱里廿四丁	同
同　佐野郡日坂		壱里廿九丁	同
同　掛川		弐里六丁	私領城下
同　山名郡袋井		壱里半	御料
同　磐田郡見付	(知)天竜川船渡	四里七丁	同
同　敷地郡浜松		弐里半十丁	私領城下

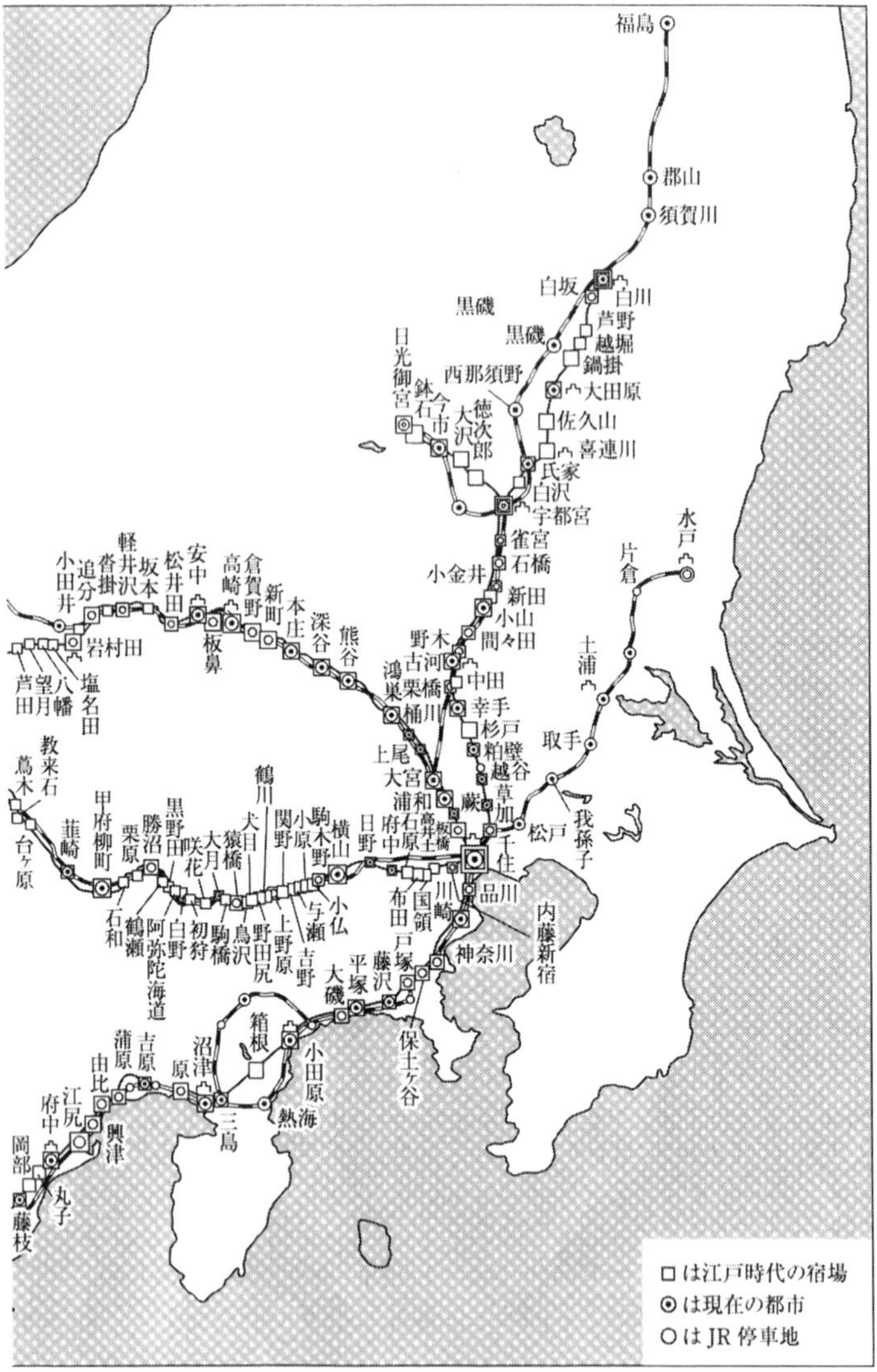
福島
郡山
須賀川
白坂
白川
黒磯
黒磯
芦野
越堀
鍋掛
西那須野
大田原
佐久山
喜連川
日光御宮
鉢石
今市
徳次郎
大沢
氏家
白沢
宇都宮
水戸
片倉
雀宮
石橋
小金井
新田
小山
間々田
土浦
野木
古河
中田
鴻巣
栗橋
桶川
幸手
杉戸
粕壁
越谷
取手
上尾
大宮
浦和
蕨
草加
松戸
我孫子
千住
品川
内藤新宿
小田井
追分
沓掛
軽井沢
坂本
松井田
安中
高崎
倉賀野
新町
本庄
深谷
熊谷
岩村田
板鼻
芦田
望月
八幡
塩名田
蔦木
教来石
台ヶ原
韮崎
甲府柳町
石和
栗原
勝沼
黒野田
鶴瀬
阿弥陀海道
白野
花咲
初狩
大月
猿橋
駒橋
鳥沢
犬目
野田尻
鶴川
上野原
関野
吉野
小原
与瀬
駒木野
小仏
横山
日野
府中
布田
国領
石原
高井戸
板橋
川崎
神奈川
戸塚
保土ヶ谷
藤沢
平塚
大磯
小田原
箱根
熱海
三島
沼津
原
吉原
蒲原
由比
興津
江尻
府中
岡部
丸子
藤枝
□は江戸時代の宿場
⦿は現在の都市
○はJR停車地

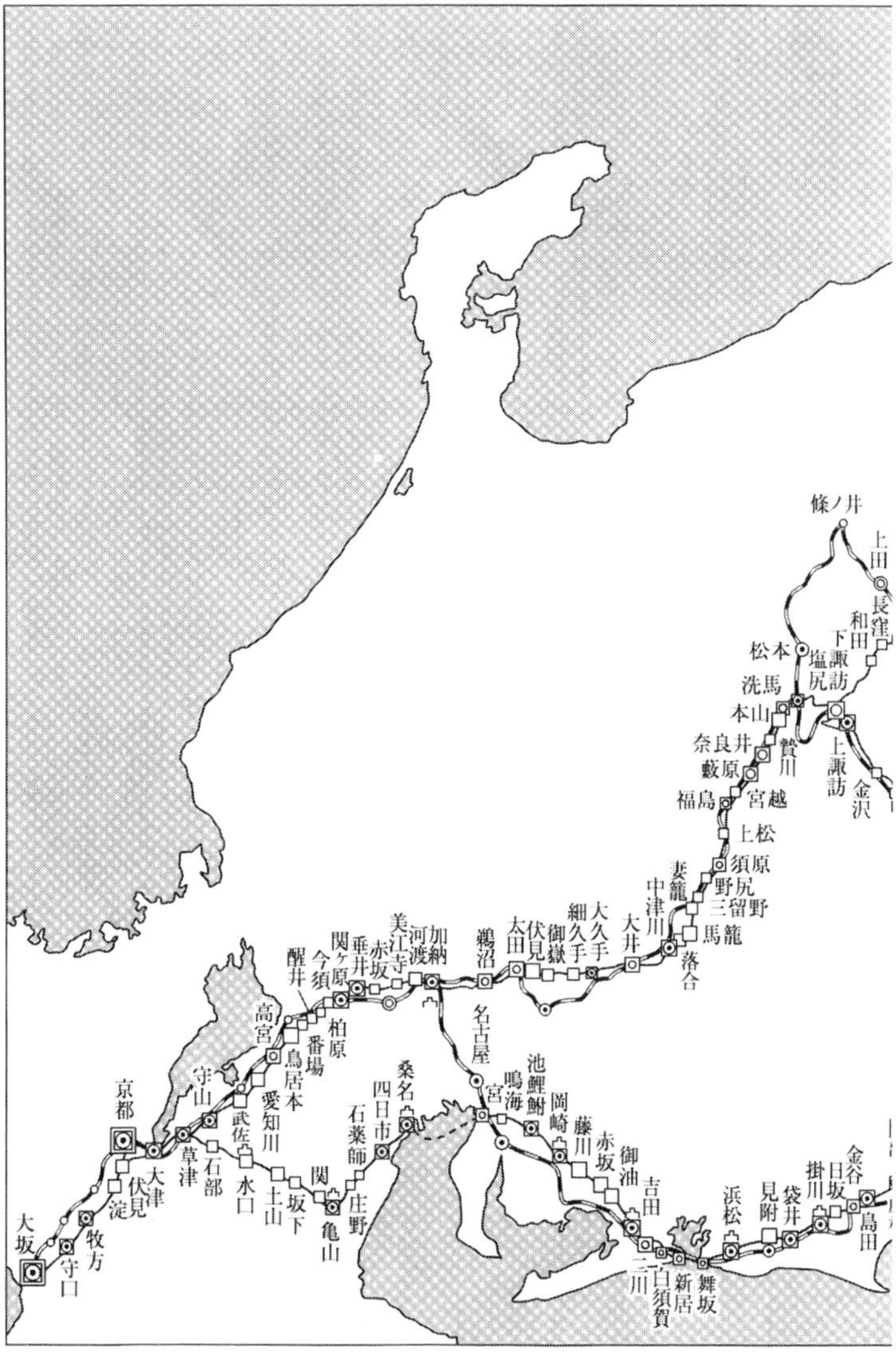

図1　『日本交通史』（吉川弘文館、1992年より）

同　舞坂	壱里拾八丁渡海	御料
同　新居	壱里廿四丁	私領
同　浜名郡白須賀	壱里十七丁	御料
三州渥美郡二川	壱里半弐丁	同
同　吉田	弐里半四丁	私領城下
同　宝飯郡御油	拾六丁	御料
同　赤坂	弐リ九丁	同
同　額田郡藤川	壱里半七丁	同
同　岡崎	三里半十一丁廿二間	私領城下
同　碧海郡知鯉鮒	弐里半十二丁	私領
尾州愛知郡鳴海	壱里半六丁	尾張殿領分
同　熱田　名古屋へ壱里半　岩塚へ弐里　万場へ弐リ半　四日市船崚十里	海上七里	同
勢州桑名郡桑名　佐屋へ船上三リ	三里八丁	私領城下
同　三重郡四日市	弐里半九丁	私領
同　鈴鹿郡石薬師	弐十五丁	御料
同　庄野	弐里	同

同　　亀山　　壱里半　　私領城下
同　　関　　壱里半六丁　　私領
同　　坂下　　弐リ半　　御料
江州甲賀郡土山　　弐里半七丁　　同
同　　水口　　三里半　　同
同　　石部　　弐里半十七丁五十四間　　同
道中方覚書
同　　栗田郡草津　　三里半六丁　　同
守山へ壱リ半
矢橋へ壱リ八丁
安永元辰四月ゟ(代官)
同　　滋賀郡大津　　石原清左衛門支配
矢橋へ船路五十丁
京江三リ
伏見へ四リ八丁
城州紀伊郡伏見　　伏見奉行支配
京へ三リ
淀へ壱リ十四丁
同　　久世郡淀　　私領城下
京江三リ
牧方へ三リ十二丁
河州茌日郡牧方(枚)
大坂へ五リ
守口へ三リ

同　　守口　大坂へ弐里

従二江戸一大坂迄馬継五拾六ヶ宿
外人足役壱宿

道法合百三拾七里四町壱間　　船路トモ

従二江戸一京都迄馬継五十三ヶ宿

道法合百弐拾六里六町壱間　　右同断

（○印は引用筆者）

なお、これも参考のため隣宿の小田原・三島両宿の助郷村の概況について先人の研究により説明しておこう。

まず宇佐美ミサ子氏の『近世助郷制の研究』（法政大学出版局、一九九八年）によれば、文化年間における小田原宿の助郷村は一一三か村に及んでいるが、文政七年（一八二四）には西筋助郷村四九か村から一万六六四七人余りが動員されている。そのうち実出勤人足は四九九人で、そのほか貨幣代納となり、七五貫一二〇文が小田原宿へ納入されていたのである（『近世助郷制の研究』一〇一～一〇六頁）。

参考までに西筋助郷村の略図を左に付載しておこう（図2）。これらを見ると、小田原宿は宿人馬のほか、助郷村々から多大の人馬の提供を受けていたことが判明する。

また、西側の三島宿の助郷村について見ると、嘉永元年（一八四八）から三年にかけて表2のとおり多数の助郷人馬が動員されていたことがわかる。

表2　三島宿の宿人馬と助郷人馬総勤数表（『三島市誌』中巻、357頁）

	惣立辻		宿勤数		助郷勤数	
年　度	人足数（人）	馬数（疋）	人足数（人）	馬数（疋）	人足数（人）	馬数（疋）
嘉永元年	159,919.5	26,060.0	24,190.3	20,073.0	35,729.2	5,983.0
同　2年	60,987.6	25,831.0	25,360.7	21,535.0	35,626.9	4,296.0
同　3年	58,884.5	26,296.0	23,020.0	19,926.0	35,864.5	6,370.0

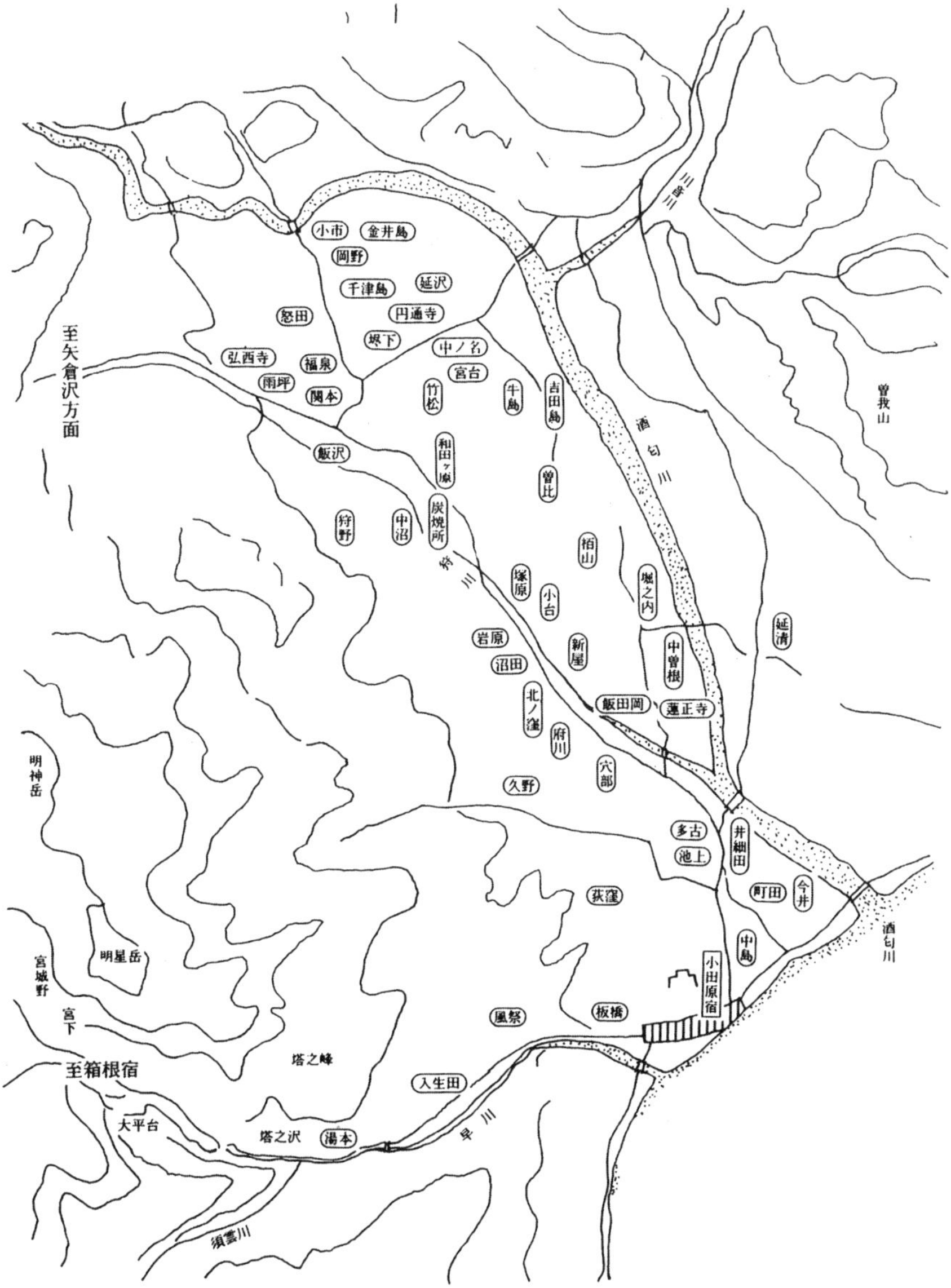

図2　文化年間における小田原宿西筋助郷村
（宇佐美ミサ子『近世助郷制の研究』法政大学出版局より）

表3　文化13年(1816)東海道宿駅の駄賃銭
(「五駅弁覧」『近世交通史料集』10、P179～185による)

宿名	正徳元賃銭	2割増	5割増	宿名	正徳元賃銭	2割増	5割増
品川	114文	136文		袋井	69文	83文	108文
川崎	114文	136文		見付	234文	279文	351文
神奈川	49文	59文		浜松	125文	149文	186文
保土ヶ谷	108文	129文		舞坂	275文		
戸塚	86文	107文		新居	76文	91文	
藤沢	160文	191文		白須賀	67文	80文	105文
平塚	34文	41文	51文	二川	73文	88文	114文
大磯	183文	223文	277文	吉田	118文	141文	175文
小田原	438文	526文	657文	御油	23文	28文	35文
箱根	477文	573文	720文	赤坂	107文	128文	159文
三島	68文	82文	106文	藤川	78文	94文	121文
沼津	68文	82文	106文	岡崎	175文	213文	265文
原	134文	160文	203文	池鯉鮒	127文	152文	189文
吉原	156文	185文	235文	鳴海	69文	83文	108文
富士川	30文	36文	45文	熱田			
蒲原	44文	53文	66文	桑名	151文	180文	229文
由井	162文	194文	245文	四日市	34文	41文	51文
興津	47文	56文	71文	石薬師	34文	41文	51文
江尻	121文	144文	180文	庄野	86文	107文	133文
府中	82文	102文	127文	亀山	69文	83文	108文
丸子	144文	172文	218文	関	117文	141文	174文
岡部	79文	95文	123文	坂下	225文	268文	338文
藤枝	127文	152文	189文	土山	127文	152文	189文
嶋田	124文	148文	184文	水口	146文	174文	221文
金谷	148文	177文	224文	石部	140文	167文	212文
日坂	94文	117文	145文	草津	166文	202文	251文
掛川	112文	134文		大津	169文	206文	256文

それから享保九年（一七二四）五月三島宿役人から道中奉行所へ提出した「御尋ニ付御答書」に記載されている箱根路の継立困難についての記事には、「惣而三島宿之儀ハ箱根山坂八里之難所相勤、当日馬立返り不申候ニ付、往還之節ニ而も日没ニ相立候儀難レ成隔日ニ相触候ニ付」云々と訴えている（『三島市誌』中巻、三二五〜三三〇頁）。

これらは小田原・三島両宿の助郷関係史料からみた箱根路の継立困難の一断面である。

最後になるが、文化十三年（一八一六）の東海道宿駅間の駄賃銭高（表3）を付載しておくが、これを見ると小田原宿の五割増賃銭が六五七文で、箱根宿の五割増賃銭が七二〇文とあり、いずれも東海道の宿駅ではもっとも高かったことが明らかとなる。

以上で東海道宿駅の人馬継立の概況と箱根宿の人馬継立困難の説明をひとまず終わることにしたい。

第三章　箱根宿の窮乏と幕府助成策

前述のとおり、箱根宿は元和四年（一六一八）になって箱根関所とほぼ同時期に箱根山頂の芦ノ湖の湖畔に設立されたが、周囲に村落が無いため助郷村もなく、人馬継立が頗る困難であった。この点については幕府要職も認知していたものと思われ、種々助成策を講じていたのである。

そこでまず最初に継飛脚給米について述べてみよう。

寛永十年（一六三三）三月二十七日付で勘定奉行曽根源左衛門ら四人は、幕府代官小林十郎左衛門あてに箱根宿への継飛脚給米下付の通達を、つぎのとおり出している（『神奈川県史』一一四四頁）。

箱　根

一米七拾六石六升　　京升也

是者御伝馬人足并ニ次飛脚御用之ためニ、箱根伝馬中へ当酉之年ゟ毎年被下候間、右町之年寄手形を取被相渡、

重而可有御勘定候、以上、

寛永拾酉三月廿七日

（勘定組頭　忠次）
杉田九郎兵衛㊞

（安信）
武藤理兵衛㊞

（関東勘定奉行　吉次）
曽根源左衛門㊞

井上新左衛門㊞

（箱根町箱根　安藤武氏蔵）

（代官）小林十郎（時喬）左衛門殿

この通達を見ると、箱根宿は米七六石六升が下付されており、他の宿場と比べると断然多かったことがわかる。たとえば大垣宿は米四石三斗四升三合であり、その他の宿場もほとんどが左のとおり一〇石以下であった（『幕府法令上』一〇〇頁）。

道中米被ㇾ下候宿並之覚

一、四拾石九升四合　熱田　□丈郎
一、六石五斗七升三合　名古や　伊兵衛
一、五石壱斗六升五合　清須　弥次右衛門
一、弐石八斗壱升四合　稲葉　吉右衛門
一、弐石三斗四升七合　萩原　庄九郎
一、三石七斗五升六合　小越　右門七
一、四石八斗壱升弐合　黒（墨）俣　左吉
一、四石三斗四升三合　大垣　清兵衛
一、六石七升九合　垂井　六左衛門
一、六石弐斗壱升　関が原　兵吉
一、四石九斗七升弐合　今須　仁助

また、延宝三年（一六七五）正月には、小田原・三島から箱根への駄賃銭を左のとおり三〇文に値上げしているが、これも箱根宿への助成策の一環と考えられる（『幕府法令　上』二一七〜二一八頁）。

一、従二高木伊勢守（守久）様一来候御証文之写

一、箱根ゟ小田原・三嶋江之駄賃銭、拾壱年以前巳ノ年増被レ下候得共、右両所ゟ箱根江之駄賃銭者跡ゝ之通ニ而有レ之ニ付而、此度小田原・三嶋ゟ箱根江之駄賃銭、壱宿江本荷壱駄ニ三拾文、荷なしハ拾八文、人足賃者拾五文増被レ下候間、自今已後右之増銭之通、永代可レ取レ之候、以上、

延宝三乙卯年正月

高（高木守久）伊勢守
甲斐（甲斐庄正親）喜右衛門
徳（徳山重政）五兵衛
杉（杉浦正綱）内蔵允

小田原町
問屋
年寄

ところで、幕府から箱根への助成金貸付は、幕末の頃まで続けられているが、史料での初見は延宝四年まで遡る。つぎに提示する箱根宿三島町への金七五〇両は、豆州村々へ年一割五分の利息で貸付、その利息で宿へ助成しようとするものである（『箱根関所史料集』三、二九二〜二九三頁）。

延宝四辰年金七百五拾両永拝借
箱根三嶋町助成金当寅貸元

一、金六百六拾三両弐分・永百文八分六厘九毛　東海道　同所三嶋町分
　内　金弐百弐拾八両壱分・永百四拾八文四厘七毛　享保十四酉年ゟ去丑年迄利金之内、十分一宛差加へ候分
　内　九両三分・永五拾六文九分九毛　去丑年利金之内ゟ差加へ候分

是は延宝四辰年、箱根三嶋町江金七百五拾両永拝借被仰付、豆州村々江年壱割五分之利附ニ貸附置、年々利金被下候処、享保四亥年河原清兵衛相伺、新金半減之積り貸附ニ被仰付候得共、右元金は元禄九子年以前之永拝借ニ候得ば難相減候間、亥年江利金之内拾分一宛元金に加へ利倍仕、七百五拾両ニ償可申旨被仰付候ニ付、年々貸元相増、享保十四酉年貸元金四百三拾五両・永弐百弐文八分弐厘弐毛、山田治右衛門より引渡候ニ付、去丑年迄利金之内拾分一宛元金に差加へ、当寅年貸元如此、

延宝四辰年拝借
箱根三嶋町助成金貸元

一、金六拾三両弐分・永百三拾弐文七分五厘　東海道箱根三嶋町分是は延宝四辰年、箱根宿両町に地方御物成之内を以、金百両・米百俵宿為助成、壱割之利附ニ而御貸被成三嶋町・小田原町ニ而半分宛拝借仕、同年ゟ丑迄拾ヶ年之内、利ニ利を加江元利金共、貞享三寅年三嶋宿支配之御代官江取立之、元米金は上納仕□（虫喰）取溜之内、半分は小田原町助成為貸元小田原城主江相渡、半分百弐拾七両壱分・永拾五文五分八豆州村々江年壱割五分之利付ニ貸附置、年々利金三嶋町助成ニ被下来候、右貸元金、元禄九子年以来被渡貸附手形相改候ニ付、享保四亥年河原清兵衛相伺、新金半減之積り六拾三両弐分・永百三拾弐文七分五厘之貸附ニ相成、年々利金三嶋町江被下候分、貸元如斯、

右には延宝四年から享保四年（一七一九）にかけての貸付金の運用と箱根宿の三島・小田原両町への利金助成について詳しく記されているが、これは助郷村の無い箱根宿の人馬継立がいかに困難であったかを物語るものといえよう。私見を少し付け加えると、一〇〇疋の常備馬で不足の分はほとんど借り上げで補うほか無かったのである。そこで貸付金の利金の大半はその費用にあてたものと推量する。

また、享保十四年八月付「東海道箱根三嶋原沼津宿助成金引渡付帳」から箱根宿三島・小田原両町分の記事を抜粋し紹介

してみると、つぎのとおりである（『箱根関所史料集』三、二八九頁）。

覚

元禄十三辰年
箱根両町助成金、豆州村々貸付有之

一、金五百両　東海道 箱根 三嶋町 小田原町 分

是ハ右両町助成金、年壱割五分之利付、豆州在々江貸附候処、元禄十四巳ゟ享保七寅迄弐拾弐ヶ年利金之内、五百拾両弐分余相滞候、依之去ル卯年河原清兵衛相伺、利金之滞十五ヶ年賦ニ被仰付、利金・年賦金共年々無滞可相納旨、御証文を以被仰付、去ル卯ゟ去申迄、右利金并年賦金共、其年々取立之、右宿に相渡候、尤一件御証文共引渡可申候、

元禄十丑年
箱根両町助成金、右同断

一、金百五拾両　東海道 同所 三嶋町 小田原町 分

是ハ右両町助成金、年壱割五分之利付を以、豆州在々江貸付置、右利金年々取立申候、

延宝四辰年金七百五拾両永拝借
箱根三嶋町助成金当酉貸元、右同断

一、金四百三拾五両・永弐百弐文八分弐厘弐毛　東海道 同所三嶋町分

是ハ右三嶋町助成金、年壱割五分之利付を以、豆州在々江貸付置、利金年々取立申候、右金元来は七百五拾両之永拝借被仰付候得共、宝永六丑年村々貸付手形改替候ニ付、去ル亥年河原清兵衛奉伺、新金半減ニ被仰付候、然共古来之元金難被減候間、亥年ゟ之利金之内、年々十分一宛元金江加へ七百五拾両ニ償可申旨、御証文を以被仰渡候ニ付、年々貸元相増申候、右一件御証文引渡可申候、

延宝四辰年拝借
箱根三嶋町助成金、右同断

一、金六拾三両弐分・永百三拾弐文七分五厘　東海道　同所三嶋町分

是ハ右三嶋町助成金、年壱割五分之利付を以、豆州在々江貸付置候、右利金年々取立相渡申候、

右によれば、元禄十四年（一七〇一）から享保七年まで二二か年の貸付利金のうち金五〇〇両を、箱根宿の三島町と小田原町へ下げ渡したむねが記されている。

つぎに幕府の箱根宿助成に関する人馬の刎銭に関する記録を紹介する。

左の史料は嘉永三年（一八五〇）七月箱根宿の名主・年寄・問屋が幕府役人あてに差し出したもので、嘉永二年（酉年）分として箱根宿三嶋・小田原両町へ金八六六両一分、永一九一文四分を助成していたことが明らかとなる（『箱根関所史料集』三、一〇四～一〇五頁）。またこれは、継立人馬の賃銭から刎銭と称して二割を取り立て、それを元金にして貸し付けし、その利金を宿駅の助成にするという施策であることがわかる。

「（表題）
宿助成利金人馬刎銭并　口銭高書上帳

東海道

箱根宿」

金千百五拾両・永百五拾五文弐分六厘　八分御利足

一、金八百六拾六両壱分・永百九拾壱文四分　三嶋町　小田原町

内金四百五拾両弐分・永百九拾壱文四分
金四百七両三分

是は別紙奉差上候助成利金五口、去酉年六分余御渡ニ相成候、宿賄元ニ相立候分、

一、金百七両壱分

是は領主役場ゟ年々御下渡ニ相成候、宿賄元ニ相立候分、

一、金五両

是は宿馬為飼料助と三嶋町馬役五拾壱軒ゟ別ニ取集メ、宿賄元ニ相立候分、

一、金五両　　小田原町

右同断

一、金八拾八両弐分・永弐百弐拾壱文三分

内　金四拾四両壱分・永百拾文六分五厘　三嶋町

金四拾四両壱分・永百拾文六分五厘　小田原町

是は人足弐割増、当宿ゟ三嶋宿之間、小田原宿ゟ請取、年々宿役元ニ相立候分、

一、金百壱両壱分・永百六拾三文弐分

内　金五拾両弐分・永弐百六文六分　三嶋町

此米三拾八石三升

金五拾両弐分・永弐百六文六分　小田原町

此米三拾八石三升

但金一両ニ付、米七斗五升ツ、

右は御継飛脚給米七拾六石六升売払代金、書面之通宿賄元ニ相立候分、

一、銭五千弐百八拾六貫四百六拾壱文

銭弐千七百八拾七貫三百拾壱文　三嶋町

銭弐千四百九拾九貫百五十文　小田原町

是は酉壱ヶ年五割増上り方、書面之通宿賄元ニ相立候分、

一、銭三百四拾四貫八百三拾七文

銭百六拾八貫三百三拾弐文　三嶋町

銭百七拾六貫五百五文　小田原町

是は宿高口銭、上り方壱疋ニ付百拾三文、下り方壱疋ニ付百廿文ツ、壱ヶ年宿賄元相立候分、

合
金千百七拾三両壱分・永七拾五文九分
銭五千六百三拾壱貫三百文
此金八百七拾九両三分・永百四拾文六分

合金弐千五拾三両・永弐百拾六文五分

一、割増銭・勤馬刎銭割合之儀御尋ニ付、先々ゟ取扱方左ニ奉申上候分、

上り方三嶋宿に三里廿八丁
本馬壱疋
此御定賃銭七百弐拾文
内
銭四百七拾七文　勤馬に相渡
銭弐百三拾九文　五割増
内　銭四拾六文　壱割馬方に可相渡分
　　銭百八拾九文　四割宿方に銭取候分

上り方三嶋宿に
軽尻壱疋
此御定賃銭四百六拾六文
内
銭三百拾弐文　勤馬に相渡
銭百五拾四文　五割増
銭三拾文　壱割馬方に相渡分
銭百弐拾四文　四割宿方に請取候分

下小田原宿に四里八丁

本馬壱疋

此御定賃銭七百七拾八文

内

銭五百弐拾文　勤馬に相渡

銭弐百五拾文　五割増

銭千五拾文
銭弐百八文
壱割勤馬に可相渡分
四割宿方に請取候分

下小田原宿に

軽尻壱疋

此御定賃銭五百九文

内

銭三百三拾八文　勤馬に相渡

銭百六拾七文　五割割

銭三拾弐文
銭百三拾五文
壱割勤馬江可相渡分
四割宿方江請取候分

右は当宿五割増割合之儀、四割増は宿方江被下置、其余は当日勤馬江可相渡之処、宿馬之儀は、宿方ニ而馬代并ニ飼料こやし相渡為持立候間、相渡不申、其外雇立ニ付是又相渡不申、且東西助郷継通馬江は時々可相渡迄、右割増御年季中に証金として金五両宛相渡、依之時々相渡不申候、去酉年ゟ来ル丑年迄之分、未示談茂不仕候間、相渡不申候共、是又五ヶ年分右之通取扱申候、尤文政度被仰渡之御張出書之儀は、去ル天保九戌年類焼之節問屋場焼失仕候ニ付、其後御張出之儀、御奉行所様江御願可申上積之処、いまた御願不申上候ニ付、問屋場江右御書付張出無御座候、

右御尋ニ付、乍恐以書付奉申上候、以上、

これをみると、上りの三島宿への勤馬、本馬一疋の御定賃銭七二〇文のうち四七七文は勤馬に渡し、残り分二四三文（五割増し分）は、馬方へ四六文、宿方へ一九七文を渡していたことがわかる。

そして最後になるが、嘉永三年七月、幕府役人あてに提出したと推定される箱根宿難渋についての申立書を、長文になるが左に紹介しておこう（『箱根関所史料集』三、三〇六～三〇八頁）。

乍恐左ニ奉申上候

一、当宿之儀は、元和四午年御取立御座候而、豆州三嶋宿・相州小田原宿ゟ人数五拾人宛相登、箱根町相立候由、別帳明細帳写奉書上候通ニ御座候、委細之儀は先年度々之火災ニ旧記焼亡仕候ニ付、相分不申候、

一、御年貢・地子・御上納物、都而御免ニ御座候、此儀余宿ニ有御座間敷奉存候、

一、地徳之儀は、僅ニ生産山生魚ニ相限り、外ニ一切無御座候、右様之場所柄、余宿ニは有御座間敷奉存候、

但、地魚之儀、年々三四五月頃ニ限り、宿内ニ而取レ申候分、価凡金拾両分程も御座候、其外他所ゟ廻り魚ニ御座候、是又壱ヶ年金弐拾両程茂仕入候儀ニ御座候、尤、東西村々ニ而も仕入候由、是又格別之義ニは無御座候、

一、余徳は往来助益ニ相限り、外ニ入来候余成□（虫喰）無御座候、右様之場所柄、余宿ニは有御座間敷奉存候、

一、先年いつ頃迄ニ御座候哉、旧記焼失仕相分不申候得共、御朱印御伝馬之分半役は相雇、半役分は三嶋宿・小田原宿より賃銭ニ而請取御継合仕、且又大御通行ニは右両宿ゟ継通し候由、右様之類余宿ニは有御座間敷哉ニ奉存候、

一、助郷・加助郷無御座候、尤、由井宿之儀も助郷無御座由ニ御座候得共、右宿之儀は両隣宿迄里数近く、其上

宿並八拾七之御継合ニ有之、其余は隣宿継通候由承知仕候、左候得ば助郷有之候茂同様、然ル上ハ当宿御継合之振、外宿ニは有御座間敷奉存候、

一、御伝馬之儀は御定百疋ニ御座候処、前段之通助郷無御座候ニ付、三嶋・小田原両宿之宿馬八拾疋宛引請、都合百六拾疋、其余前夜止宿之荷物翌朝継ニ相成候分共、当日御継合候ニ付、差湊候節は弐百疋内外御継合仕候、右様宿並一倍又は其余之御継合等仕候儀、余宿ニは有御座間敷奉存候、

一、人足之儀は御免ニ御座候、則、明細帳之通ニ御座候、右は前段僅二百九拾軒余之小宿ニ付、御伝馬并御用物人足日々御関所御用人足等奉勤役候ニ付、外人足御役迄之儀、難相届候ニ付御免之由申伝、旧記等は無御座、右様之類余宿ニは有御座間敷奉存候、

一、当所御関所御役之儀は、日々掃除人足相勤并御通行御方々様ニ寄、其時々被仰付次第、多分之人足差出し、尤宿役人罷出差図仕候、且又毎月小田原表御番衆様御交代并中御交代等之節、諸荷物ヲ始其余平日御用状等人数之御定無御座、其都度御継立仕候、且毎月御要害山御見廻り中、数日之間宿役人并人足共差出し、是又人数御定無御座、御沙汰次第相勤申候、右同断湖水船廻り之儀は、兼而御船作り立仕、并水主召連レ宿役人儀茂罷出御役相勤、又は不時追返しもの見送り人足之義も差出し、右は小田原表模様ニ寄、小田原領東境羽根尾村橋迄其時々被仰付次第、差遣申候、同所迄里数六里余御座候、右様之儀、余宿ニは有御座間敷奉存候、

一、土地柄之儀は、至而湿地ニ御座候、且山上ハ遊離候故哉、暑至而弱ク、寒至而強ク御座候、夏は雲霧深く雨多く御座候、冬は雪氷至而強く、畢竟雨湿深故ニ御座候哉、草木花遅く更ニ実ヲ結不申候、右ニ付、五穀は勿論、野菜等一切作附不申候、且山林之儀も平地十年之成木は凡三十年ニ而茂競ニ相成不申候、右様之土地并気候等、当筋海道宿之内、外宿ニは有御座間敷奉存候、

一、場所柄之儀は、山上ニ打離、東之方隣村は畑宿ニ而、凡一里余坂下に相隔り家数僅ニ三拾軒余、箱根同様之土地柄、田畑等無御座貧村ニ御座候、夫ゟ東に隣須雲川村・湯本茶屋いつれも畑宿ニ又相劣り申候、茶屋迄二里半程御座候、西は山中新田ニ而一里半余坂下に相隔り土地并村柄共、畑宿同様ニ御座候、夫ゟ西江三ツ谷新田・笹原新田・市之山新田と引続候得共、いつれも山中新田ゟ又相劣申候、右之通東西近郷嶮岨ニ相隔り、其上極貧之小村、更ニ当宿之助成ニは相成不申、且南北は一円之山村、尤御要害楯籠り、是又隣郷嶮岨ヲ隔、通路無御座候間、絶而融通之通無御座、右様便利相塞り候場所、余宿ニは有御座間敷奉存候、

一、右之通山上之一宿、何ニ一ツ無之土地柄ニ付、日用諸色・野菜ヲ始、炭薪ニ至迄両麓多クハ三嶋宿・小田原宿ゟ買上候ニ付、実々艱難之営方ニ御座候、旅籠屋渡世も利得幽ニ御座候、右出遁と前段入箇と競候得ば、格外出入欠合兼候、右様極々難渋之場所、余宿ニは有御座間敷奉存候、

（下略）

以上で、箱根宿の窮乏と幕府助成策に関する史料紹介と説明を終えることにしたい。

第四章　箱根宿の休泊施設と本陣の窮乏

第一節　箱根宿の休泊施設と大名の下賜金

箱根宿の休泊施設の概要については本編「第一章　箱根宿の沿革」でも紹介しておいたが、さらに天保十四年（一八四三）の「東海道宿村大概帳」（『近世交通史料集』四、一七〇～一七一頁）から抜粋し紹介してみると、つぎのとおりである。

江川太郎左衛門御代官所
大久保加賀守領分
相摸国足柄下郡　分郷

箱　根　宿

江戸に弐拾四里三拾五町
小田原宿に四里八町
三嶋宿に三里弐拾八町

一、宿高無レ之、

一、宿内町並南北八町五間
　　畑宿村境ゟ山中新田村境迄
　　宿往還長四拾弐町余

但、寺社地先共

天保十四卯年改

一、宿内人別八百四拾四人　内男四百三拾八人 女四百六人

同

一、宿内惣家数百九拾七軒

内

本　陣　凡建坪百七拾八坪余 門構・玄関附　字三嶋町 壱　軒

同　凡建坪百六拾八坪余 門構・玄関附　同 壱　軒

同　凡建坪弐百四坪 門構・玄関附　字小田原町 壱　軒

本　陣　凡建坪百七拾九坪 門構・玄関附　字小田原町 壱　軒

同　凡建坪百八拾六坪余 門構・玄関附　同 壱　軒

同　凡建坪百六拾五坪 門構・玄関附　同 壱　軒

脇本陣　凡建坪百八拾四坪 門講無レ之玄関附　字三嶋町 壱　軒

旅籠屋三拾六軒（合計合ワズ）

大　弐拾三軒

内　中　弐拾軒

小　弐拾九軒

見られるとおり、本陣は三島町に二軒、小田原町に四軒、脇本陣は三島町に一軒で、そのほか旅籠屋が大・中・小合わせて七二軒であった。

右の本陣数は、東海道宿駅では小田原宿とならんでかなり多いことが注目される。

これら本陣や旅籠屋の建物の規模を示す平面図が残存していたので、左に提示してみよう（図3～5）。

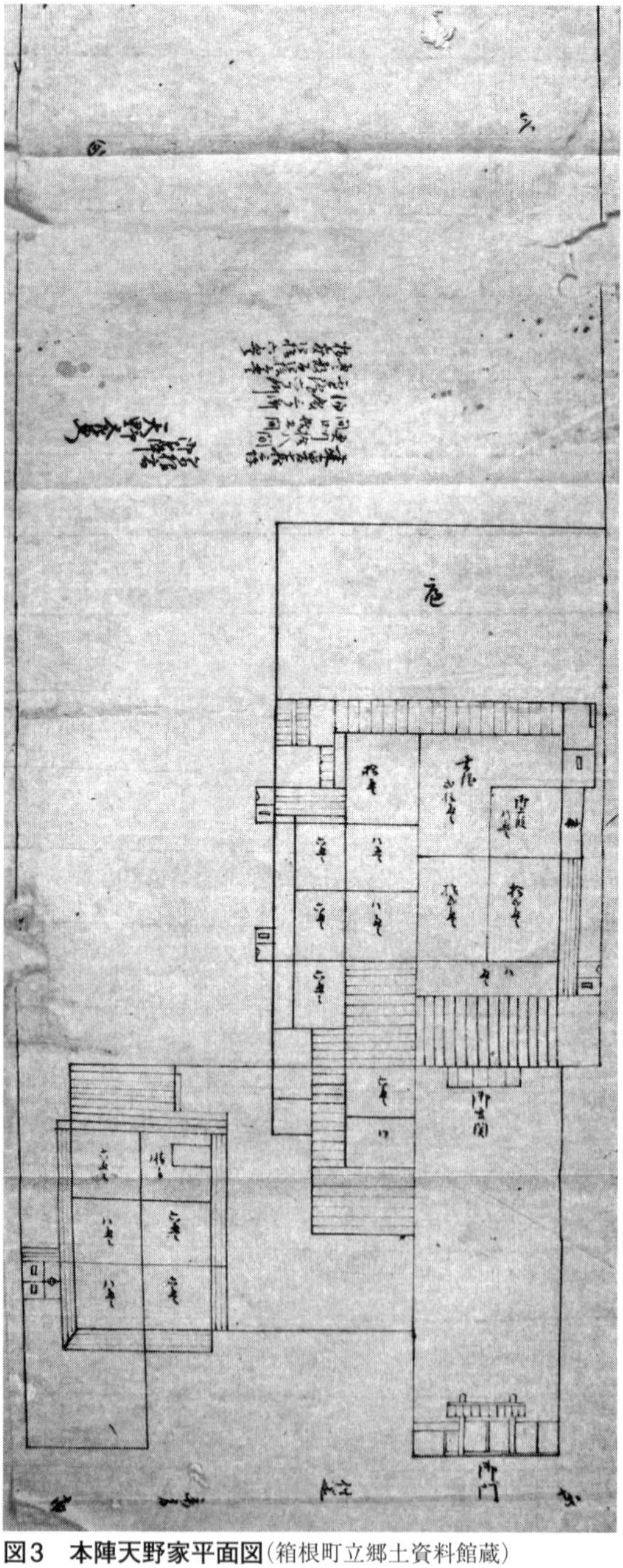

図3　本陣天野家平面図（箱根町立郷土資料館蔵）

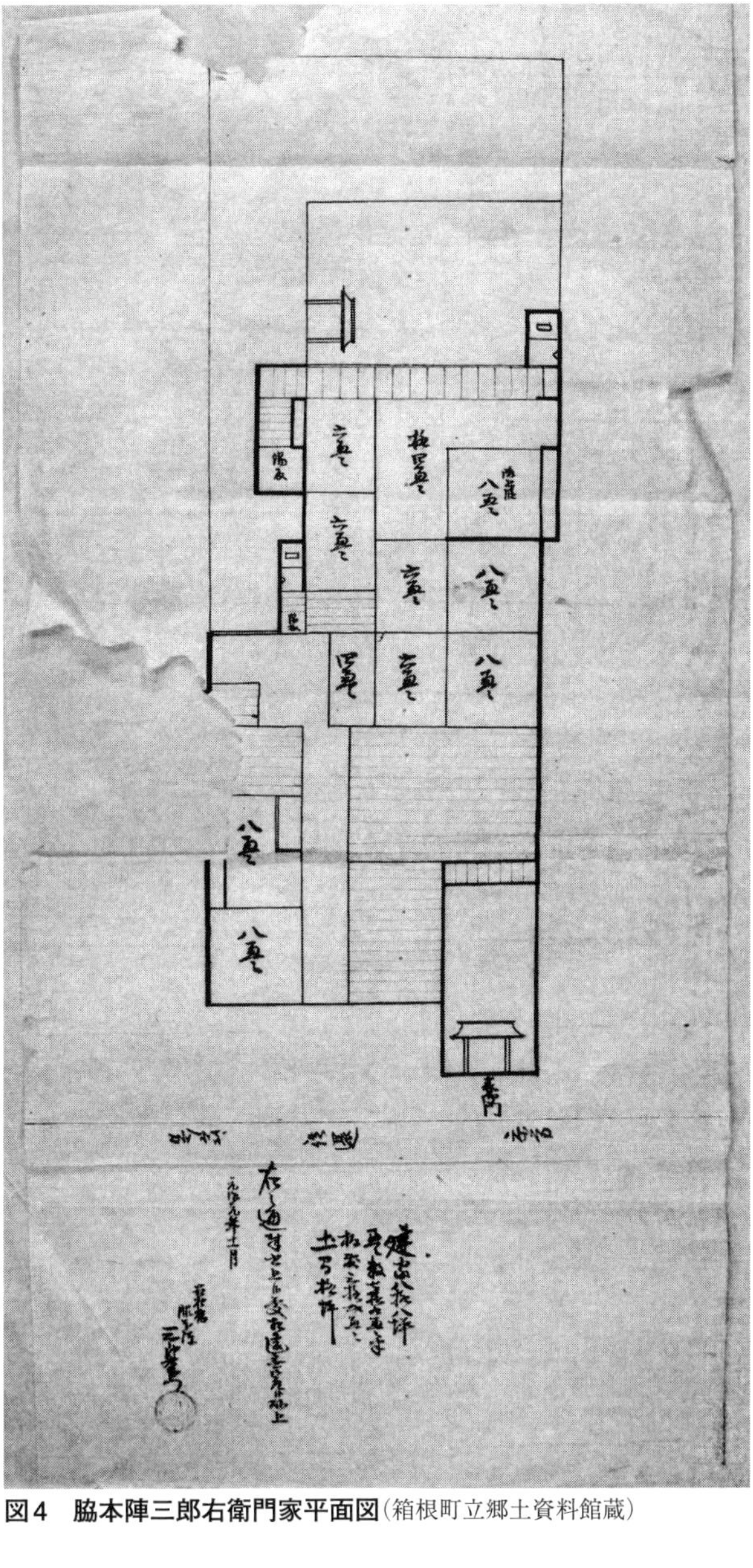

図4　脇本陣三郎右衛門家平面図（箱根町立郷土資料館蔵）

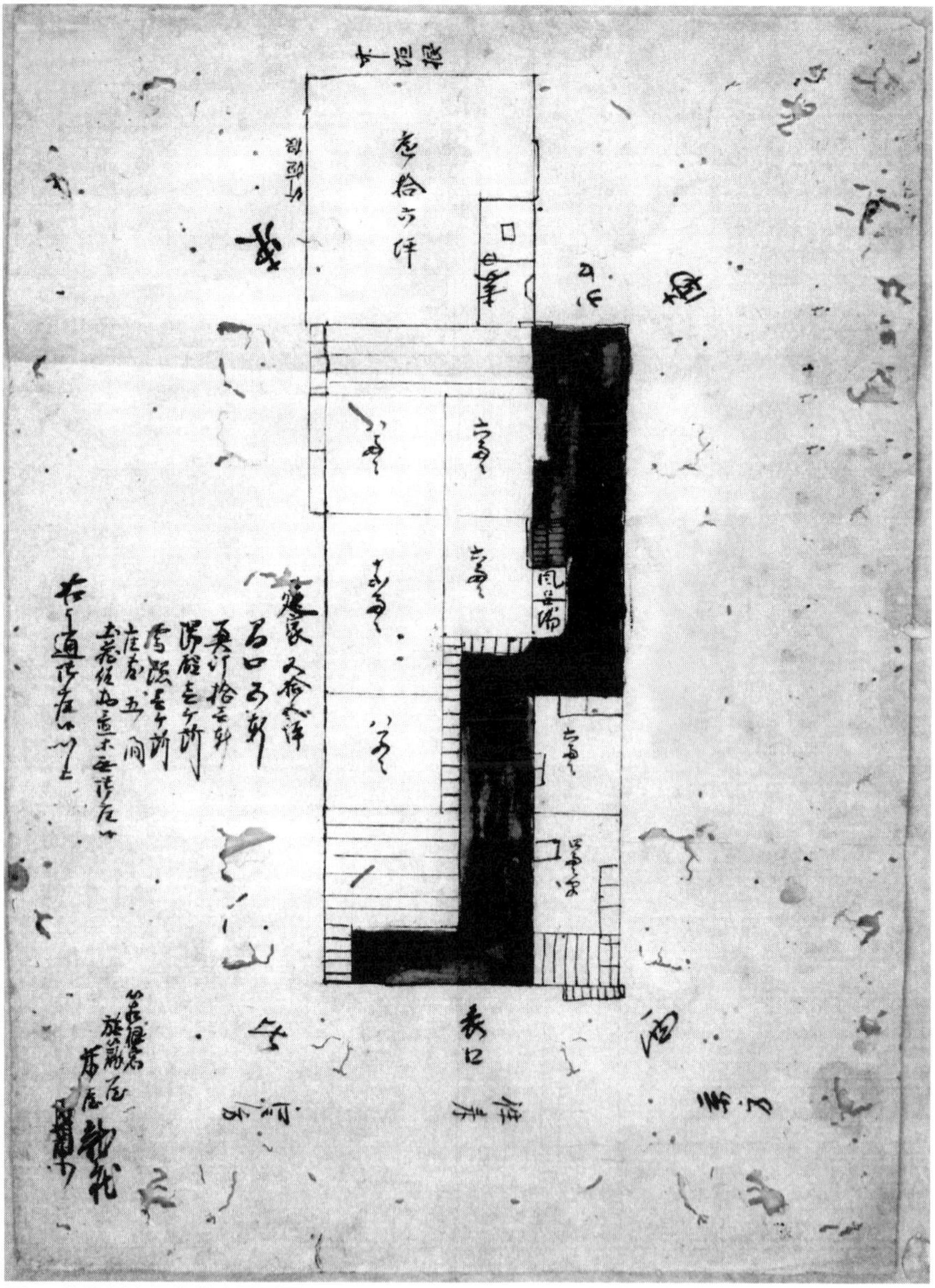

図5　旅籠屋米屋龍蔵家平面図（箱根町立郷土資料館蔵）

右のうち図3は本陣天野又左衛門家のもので、年代は不明であるが、近世後期のものと推定される。

これによると建坪は一七三坪で、建物の奥行が一八間、間口一五間、湯殿三か所、雪隠六か所、畳数は一四三畳、板敷四六畳であったことがわかる。

また、図4の脇本陣三郎右衛門家の建物は建坪八八坪で、畳数は七九畳半、板敷三二畳、土間一〇坪であったことが明らかとなる。

さらに図5の旅籠屋米屋龍蔵家の建物は建坪が五五坪で、間口五間、奥行一一間、湯殿一か所、雪隠一か所、座敷が五間の建物であったことが確認される。

それでは、これら箱根宿の休泊施設を利用していた大名や武家はどんな人で、どの位の休泊料（下賜金）を支払っていたのであろうか。若干の資料を提示し、明らかにしてみよう。

まず、箱根宿本陣を勤めていた石内家の記録「本陣宿帳」（箱根町立郷土資料館蔵　石内家文書）から延宝七年（一六七九）五月〜八月の本陣休泊者下賜金に関する部分を、やや長文になるが左に紹介してみよう。

未ノ五月十五日御泊り御登り
一　銀壱枚　　青木甲斐《（重成）》守様（伊予国一万二〇〇〇石）
　　　　　　　御同名　主水様
未ノ五月廿二日御泊り御下り
一　金弐分　　石丸数馬《（定勝）》様（小姓組、二二四〇石）
　右ハ大坂町奉行ニ忠見守様御遠行被遊御□仕候御持参被遊御泊り、
未ノ五月廿八日昼御休御下り

一　金壱分　　稲垣備後守（重定）様（書院番頭、六〇〇〇石）
　尾州江御上使御帰り
未ノ五月廿九日昼御休御下り
一　鳥目壱貫文　　松平対馬守（近陣）様（二万一二〇〇石）
未五月廿九日御休　　桑□（名）（昌章）
一　金壱分　　奥平八郎左衛門様（九万石）
未六月八日御泊り御下り
一　金弐分紀州　　水野平右衛門様（旗本）
未六月十三日泊り御下り
一　鳥目三百文　　久□本式部様
未六月十六日昼御休御登り
一　鳥目壱貫文　　稲田小八郎様
　松平隠岐守様御家中　　稲田□
未ノ六月十八日昼御休御登り
一　金壱分　　細川越中守（綱利）様（肥後五四万五〇〇〇石）
　　御女中　松野殿
　　　　　　梅沢殿
未ノ六月廿三日昼御休御登り

一　金壱分　　山崎勘解由様
　　　　　　　御同名主税様
未ノ六月廿五日泊り御下り
一　銀弐枚　　松平伊賀守様（忠昭）（丹波亀山三万八〇〇〇石）
　　　　　　　御同名与十郎様
未ノ六月廿六日御泊り□
一　（記載ナシ）
未ノ六月晦日
（記載ナシ）　　水野平右衛門様
未ノ六月晦日昼御休御登り
一　銀壱枚　　内藤右（近）□大夫様
　大坂御加番之附（口）
未ノ七月二日御泊り御登り
一　鳥目一貫文　　鳥山手之助様
未　七月五日御休御登り
一　鳥目一貫文　　大坂御番　田中大隅守様
未　七月十三日昼御休御登り
一　銀壱枚　　松平隠岐守様（定直）（伊予国松山城主一五万石）

未　七月十三日昼御休御登り
一　鳥目五百文　松平加賀守様御家中　横山志摩様
未ノ七月廿三日昼御休御下り
一　銀三枚　松平大隅守様
未ノ七月廿七日御休御上り
一　銀八匁　松平大隅守様御家老　嶋津中務様
未ノ七月廿七日大坂御番御下り
一　（記載ナシ）
水野周防様直ニ御通り被遊候、
大水故
未ノ七月廿九日泊り御下り
一　たび弐足　村上彦太郎様
大坂御番
未　七月廿九日御泊り御下り
一　金壱分　太田道顯老様
指合故本還□（寺）所ニ御泊り、玉沢へ御遣し被遊候、
未ノ八月朔日昼御休御上り
一　銀壱枚　松平上野介様

未ノ八月五日昼御休御上り
　　□□奉行
一　鳥目五百文　　村上丹波守様
未ノ八月六日御休御上り
一　鳥目六百文　　茶屋兼次郎様
未ノ八月七日御休御上り
　　ふし山御けんふん
一　（記載ナシ）　西山六郎兵衛（昌春）様（旗本・書院番）
未ノ八月九日御泊り御下り
一　銀三枚　　内藤和泉守（忠勝）様（志摩国三万五〇〇〇石）
未ノ八月十日御休御下り
一　金弐分　　三宅能登守（康勝）様（三河渥美郡田原城主）
　　　　　　御家老　平山甚右衛門殿
　　　　　　御宿割　村井万右衛門殿
未ノ八月十三日昼御休御下り
一　金弐分　　毛利六郎左衛門様
未ノ八月十四日御泊り御上り
一　金壱両　　織田山城守（長頼）様（大和国宇陀郡三万一二〇〇石）

未ノ八月十五日昼御休御下り
一　金弐分　　　亀井能登守様（茲親《これちか》）（石見国津和野四万三〇〇〇石）
未ノ八月十五日御休御上り
一　はせ弐反　　松平薩摩守様（清春）（旗本）
指合候故、平左衛門所御休被遊候、
平左衛門所かり中候、
廿二日昼御休御下り
一　弐百文　　　東海寺様（東京都品川区カ）
（箱根町立郷土資料館蔵　石内家文書）

これによると宿泊・休息した大名と武家は三三名で、宿泊者はおおむね金二分から一分、銀二枚、休息者は鳥目一貫文位が多かったように見受けられる。

つぎに元禄十六年（一七〇三）四月～九月までの石内家「本陣宿帳」により、本陣の休泊者と代金（下賜金）についてみてみよう。

未四月三日御休御下り
一　金壱両　　　津山少将様
外ニ壱分右余分被下
未ノ四月五日直御通畑休江□□□御下り
一　金壱分　　　中川因幡守様
未ノ四月七日直御通御下り畑休

一　金弐分　　　　　　　　　　松平出羽守様
　　畑迄御見え参候、
未四月八日下り休
一　金壱分　　　　　　　　　　本多中務大輔様
　　　　　　　　　　　　　　　浅野内匠□□□
　　　　　　　　　　　　　　　御□□(附人)　吉田伝内殿
　　　　　　　　　　　　　　　　　　　　間瀬定八殿
未四月九日御下り
　　直通畑休へ　　　　　　　　加藤遠江守様
一　(記載ナシ)
未四月十五日御休御登
一　銀壱枚　　　　　　　　　　松浦壱岐守様
同日御登り□□方ニ被仰
一　鳥目弐百文　　　　　　　　小池僧正様
未四月廿一日御休御下り
一　金壱両　　　　　　　　　　宗対馬守様
未四月廿三日御登
一　金弐分　　　　　　　　　　秋月長門守様

未四月廿四日御休御登
一　金壱分　　青木民部様
未四月廿六日御休御登り
一　金壱両　　松平伊予守様
未四月廿九日御泊御登り
一　五百銭　　酒井与惣左衛門様
未四月廿九日御休御登り
一　三百銭　　渡辺半兵衛様
是　御茶壺御奉行
御家老村田利兵衛様
御用人荒井惣内
御宿割井上孫右衛門殿
未五月二日御休御登り
一　銀二枚　　伊達遠江守様
未五月四日御休登り　　和州
一　金二朱　　小池坊様
是ハ江戸より御入院被遊候、
未五月□御直ニ通り御下り

一　金壱分　　　　　　　松平修理大夫様
　　□□ニ付被下候、
未五月五日御下り泊り
一　金弐朱　　　　　　　正木五郎右衛門様
　是ハ紀州様御家中御国御肴之御使、
未ノ五月十三日御休御入部
一　金三分　　　　　　　池田河内守様
　外ニ金一分
　御祝儀ニ被下候、　　御家老　糟谷左右衛門殿
　　　　　　　　　　　御用人　高沢佐介殿
　　　　　　　　　　　同　　　松浦喜兵衛殿
　　　　　　　　　　　御賄方頭　渡辺吉次郎殿
　　　　　　　　　　　金賄方　安田利兵衛殿
　　　　　　　　　　　御関札役　山田勘兵衛殿
　　　　　　　　　　　　　　　尾原平左衛門殿
未ノ五月十五日休登り　　松平土佐守様御家老御供
一　銀五匁　　　　　　　　朝比奈玄蕃様
未五月廿三日御下り　　　松平安芸守様御家老
一　金弐分　　　　　　　　上田主水様

未五月二十五日直御通御下り　畑休　　小堀大膳様
　（記載ナシ）
未五月廿七日御休御下り　　亀井隠岐守様
一　金弐分
同日御休御下り　　三浦壱岐守様
一　金弐分
廿三日御泊手前差合勘兵衛所ニ御泊御下り　　小池僧正様
一　銀壱匁
未ノ五月廿九日御休御下り　　太田摂津守様
一　銀壱枚
未五月廿九日御泊御下り　　松平主水様
一　金弐分
未ノ五月晦日御休御下り　　本多兵庫様
一　金弐分
未六月朔日御休御登り　　池田内匠様
一　銀壱枚
未六月四日御休御下り　　渡辺半兵衛
一　五百文

是御茶壺御奉行御帰り、
未六月九日御休御下り　　藤堂和泉守様御家老
　　　　　　　　　　　　藤堂仁右衛門様
　　　　　　　　　　　　御家老
　　　　　　　　　　　　土井彦左衛門殿
　　　　　　　　　　　　御宿割
　　　　　　　　　　　　前田市左衛門殿
（記載ナシ）

六月廿日御休御登り
一　銀弐枚　　松平隠岐守様

同日御登り畑御休□□
一　金壱分　　薩摩中将様
　外ニ壱貫文畑迄□□被下候、

未六月廿七日御泊り御登り　　朽木伊予守様
　　　　　　　　　　　　　　御三男左京様
　　　　　　　　　　　　　　御同道
（記載ナシ）

未六月廿八日御休御登り
一　銀弐拾四匁　　山崎主税助様

未七月朔日御休御登り
一　金壱両　　松平下総守様

未七月十日御休御登り
（記載ナシ）　松平安芸守様御家老　上田主水様
未ノ七月十六日御休御登り
一　銀壱枚　松平越中様
未ノ七月廿四日御休御登り
一　金弐分　北条左京様
未ノ八月二日御休御登り
一　銀弐枚　本多中務大輔様
未八月十二日御休御下り
一　金弐分　松平中務少輔様
未ノ八月十四日御休御下り
一　銀壱枚　細川玄蕃様
未ノ八月十六日御休御登り
一　金壱分　加賀国白山様
未ノ八月十七日御通り御登り
（記載ナシ）　藤堂和泉守様御家老　藤堂仁右衛門様
未ノ八月廿五日御休御登り
一　銭三百文　松平藤十郎様

是ハ大坂御目付、　御家老 金子与左衛門殿
御用人 岩崎平八殿
御宿割共ニ被成候、
未ノ八月廿九日御泊御登り
一　金壱両　細川越中守様
外ニ壱分被下候、　御女中衆
未八月晦日御休御登り
（記載ナシ）　御奉行 小林次兵衛様
未八月晦日御休御登り
一　金弐分　三宅備前守様
未ノ九月三日ニ御見舞仕候
一　金弐分　中川因幡守様
御袋様
奥御家老 戸木林吉左衛門様
同御取次被成候 藤野半右衛門様
未ノ九月四日御登り　畑休
一　（記載ナシ）　松平対馬守様
（意味不明三行）

未九月朔日御休御下り
松平大膳大夫様御内
家老衆
別府庄右衛門殿
同
瀬良田五右衛門殿
一　金壱分
松平大膳大夫様御奥様
御女中下宿

（破損二〜三行）

（箱根町立郷土資料館蔵　石内家文書）

これによると、宿泊大名の下賜金は金一両がもっとも多く、休息の場合は金一両から二分、あるいは銀一〜三枚が多かったことがわかる。

これらの下賜金の金額は、先に刊行された大石学監修の『東海道四日市宿本陣の基礎的研究』（岩田書院、二〇〇一年）と、おおむね一致するように思われる。

その後、近世後期になって箱根宿にはどのような大名や武家が休泊していたのか、その一端を左に紹介してみよう（箱根町立郷土資料館蔵　石内家文書）。

まず文化四年（一八〇七）の「本陣宿帳」を見ると、左のとおりである。

本陣宿帳
文化四年正月　九年三月

勢州八田村
三浦山義朋寺様

義朋寺之像有之由
御紋付御上下拝領
一、伊東主膳様
一、肥田豊後守様
一、堀幾太郎様
一、久永主税様
一、松平秀次郎様
一、屋代□□守様
御屋敷本陣御弓町
一、水野主膳様
一、最上監物様
一、木下辰五郎様
一、本多因幡守様
一、小出主膳様
一、本多大隅守様　文化八年未正月拝領
一、桑山十郎右衛門様　右同断

文化四丁卯年
木下辰五郎様
　卯正月朔日下り休　金百疋
一、□（山）崎左治守様　弐百文
　御家内女中弐人
　上下五人
卯正月九日御下り休
一、角太角兵衛様
　上下弐人　金百疋
大坂御城番
本庄式部竹輔様
御引渡
卯二月二日御登り休
一、久永主税様
　大須賀忠蔵様
　野田藤左衛門様

次ハ断
上物施飯沢酒硯蓋
膳切拾四五人
久永内記様御家
御屋敷

大坂御城代
松平能登守様
御引渡御上使
卯二月四日御登御休
一、小笠原若狭守様
（以下九人略）
上物施飯沢酒硯蓋
上物御断
小笠原三左衛門様御家
御屋敷外□（橋）田
御高七千石
卯二月十四日

一、滝川源左衛門様　　銀弐朱
　　　上下三人　　支度代共
卯二月十六日登り休之処御急故
一、中条河内守様　御休無

右を見ると、伊勢国八田村（現四日市八田）の三浦山義朋寺の僧侶をはじめ、肥田豊後守・大坂城代松平能登守などの有力大名も休泊していたことがわかる。

また、文化六年正月から六月にかけての休泊者を抜粋してみると、つぎのとおりである（箱根町立郷土資料館蔵　石内家文書「本陣宿帳」）。

「（表紙）
　文化六巳年
　御大名様方控帳
　正月　　　　　　」
巳正月廿八日上り休柏屋三ト
一　阿部主計頭様
　　　山岡勝士様
巳二月十七日御上り御休柏屋
一　京極能登守様
三月二日

一　大村上総介様
　　原玄蕃様　松屋
　福田半兵衛様　ウチダヤ
三月六日下休　川田屋
一　紀伊大納言様
　　村上伊予守様　白井
三月八日上休
一　松平主殿頭様
同日上休　柏屋
一　松浦肥前守様
同廿九日御下御休　ミのや
一　松平越前守様　大谷丹下様
　　　川田
同日御下御泊　柏屋
一　松平因幡守様　森左右衛門様
　　　石内
四月朔日御下り御休　柏屋
一　立花右近将監様　大村主馬様

四月三日御下御休
一　織田出雲守様
四月四日御下御休
一　加藤遠江守様　　加藤次郎三郎様
川田
巳三月十三日御上御休　柏屋
一　彦根中将様
西郷藤左衛門　川田
巳三月廿五日　下御休　み野や
一　毛利大和守様　　福間嘉織様
同日御下御休　川田
一　毛利讃岐様
同日御下御泊　ミ野や
一　京極加賀守様
三月廿六日御下休　柏屋
一　松平阿波守様
同日御下休　ミ野屋
一　小出信濃守様　　朝立出ル一の条

当□江罷戯

同廿七日御下休　柏屋

一　中川修理大夫様　ミの屋

同日御上休

一　小浜貞方様　ミのや

同廿九日御下御休

松平越前守様　大谷丹下様

川田

同日御下御泊　柏屋

一　松平因幡守様　森佐左衛門様

石内

四月朔日御下り御休　柏屋

一　立花右近将監様　大村主馬様

四月三日御下御休

一　織田出雲守様

四月四日御下御休

一　加藤遠江守様　加藤次郎三郎様

川田

同五日下休　ミのや
一　藤堂佐渡守様　三好兵左衛門様
四月廿一日　ミのや
一　稲葉伊予守様
同廿一日下泊　柏屋
一　伊達遠江守様　稲井甚右衛門様
川田
同廿三日上休　ミのや
一　□（土）方大和守様
同日　上休　柏屋
一　松平出羽守様　朝田仙助様
又口
同廿四日上泊　ミのや
一　松平安芸守様
同廿五日下休　川田
一　彦根中将様　西郷藤左衛門様
又口
是者御勅使広橋様御同行ニ付、

柏屋定□殿明□川田ニ案内、
同日上休　大松屋
一　秋月佐渡様
同日上休　ミのや
一　藤堂和泉守様
御勅使ヲ元箱根ニ而御□御立後、
申中刻頃直通行、
同廿八日上泊　ミのや
一　一柳因幡守様
同廿九日下休　柏屋
一　織田左衛門左様
五月三日上小休　石内　三拾九疋
一　相良志摩守様
五月四日上休　駒　拾四疋
一　京極壱岐守様
五月四日下宿　吉野屋　拾壱疋
一　永井日向守様
五月五日下休　同

一　嶋津□□（信濃）守様
五月十三日御下御休　川田
一　細川和泉守様
五月十四日御上り休　ミのや
一　□部若狭守様
五月十四日御上御休　又兵衛
一　毛利甲斐守様
五月廿三日上休　ミのや
一　松平紀伊守様
同廿五日下休
一　松平越後守様　駒　黒田要人
平井半兵衛
同廿八日
一　牧野豊前守様
同廿九日　石内
一　松平丹後守様
一　仙石越前守様

六月朔日上休　　　　石内
一　阿部駿河守

それからもう一点、嘉永元年四月四日鍋島甲斐守一行が箱根宿へ宿泊した際の記録を見ると、左のとおり白井（本陣カ）をはじめ油や・扇や・酒やなどに分宿していたことが判明する（箱根町立郷土資料館蔵　石内家文書「本陣宿帳」）。

上下九人
一　鍋島貞一郎様　　白井
上下九人
一　津田次郎兵衛様　　油や
　　津田宗順様
上下五人
一　栗山郡兵衛様　　（不明）
　　松野元吉様
上下六人
一　重松津蔵様
　　土木勘右衛門様　　同右
　　堤源三郎様
上下拾人
一　長井久左衛門様

谷口佐太郎様　　藤や
上下六人
諸国熊之丞様　　酒や
右次　伊兵衛様
押御足軽　弐人
川方御足軽
上下六人
一　青木郁之佐様
堤　利七様　（不明）
武川竹三郎様
六人
御草履取
御使箱衆　　甲州や
五人
御馬宿　　米屋
勘兵衛
御口取衆
七人

御道具　　甲州や
五人
御駕籠衆　同人
拾九人分　ハタコ
五貫五百四十文

なお、弘化四年（一八四七）から嘉永三年（一八五〇）にかけての休泊者一覧表（表4）を左に提示したので、ご覧いただきたい。

以上により箱根宿にはどのような大名や武家などが休泊していたのか、その下賜金はどの位であったのか、おおよその状況が明らかにできたように思われる。それではこれらの休泊者が近世後期になって一体どの位の下賜金を支払っていたのか、箱根宿については適当な史料を見付けることができなかったので、参考までに隣宿の三島宿の文化九年の記録を、左に紹介しておくことにしたい（『三島市誌』中巻、三七六〜三七七頁）。

中条大和守様	御泊	金百疋
山田常右衛門様	明宿	
木俣土佐守様	御泊	金弐百疋
戸田備後守様	御泊	金百疋
讃州金毘羅様	御泊	金百疋
大乗院御門跡様	御泊	金弐百疋
六条前大納言様	御小休	

表4　箱根宿休泊者一覧表(弘化4年～嘉永3年)

年月日	役　職	氏　名	備　考
弘化4. 3.11	大坂城加番	本多伊予守	
3.26		一柳土佐守	
(年欠)	高松城主	松平讃岐守	
4.16		伊東修理大夫	
4.26		毛利安房守	
5. 9		相良志摩守	上り
12		加藤大輔	
7.27		奥平大膳大夫	
9.晦		土井能登守	
10. 7	山田奉行	小出豊前守	
10.10		織田大蔵大輔	
嘉永元. 3.27		相良志摩守	
4. 3		一柳土佐守	
4. 4		鍋島甲斐守	
4		毛利安房守	
6. 2		奥平大膳大夫	泊
7. 7		青山大膳亮	
7.晦		岡部内膳正	
8.11		伊東修理大夫	上り
嘉永2. 1.14		御名代酒井左衛門尉	
1.24		御隠居鍋島安二郎	上り　休
		御名代酒井左衛門尉	通越
3.25		一柳土佐守	
4.11		紀州江御上使因幡守	御昼下帳
4.29		相良志摩守	
閏4. 5		毛利安房守	
閏4. 5		諏訪因幡守	
閏4. 5		鍋島甲斐守	
6. 8		土井能登守	
15		伊東修理大夫	
10.28		青山下野守	
(年欠) 2. 8		本多修理	
嘉永3. 4. 4		鍋島甲斐守	
4.15		毛利安房守	
8.13		伊東修理大夫	
12.朔		山口丹波守	

久能山徳音院様　御泊　金百疋
松平左兵衛佐様　御泊　金弐朱
細川越中守様御女中　御泊　金百疋

玉置大和守様	御　泊	金弐百疋
長岡職五郎様	御　泊	金三百疋
有馬織部様	御　泊	金百疋
水野伝蔵様	御　泊	金百疋
田中茂公様	（記載ナシ）	
渡辺越中守様	御　泊	金三百疋
薩摩少将様	御　泊	銀五枚金百疋
柴田左門様	御　泊	金百疋
黒田甲斐守様	御　泊	銀弐枚
稲葉伊予守様	御昼休	金弐百疋
肥後大奥御女中	御　泊	金百疋
藤堂和泉守様	御　泊	銀五枚
勢州津御女中	御　泊	鳥目壱〆目
薩州様御女中	御　泊	金弐百疋
同島津石見様	御　泊	金弐百疋金弐朱
毛利大和守様	御　泊	金壱両
疋田斎様	御　泊	金弐百疋
永井飛彈守様	御　泊	金壱両

大久保黄之助様	御泊	金弐朱
筑州様御女中	御泊	金百疋
筑州様	御泊	銀五枚
平賀信濃守様	御泊	金百疋
御母公様	〃	（右同）
木下佐渡守様	御泊	銀四拾三匁
長州様	御小休	金百疋御休料 金二百疋たき出料
御茶壺（鹿児島玄意様）	御小休	（記載ナシ。下賜金なしと思われる）
長州様御女中	御泊	金弐百疋
細川越中守様	御小休	金弐百疋
細川和泉守様	御泊	金壱両外ニ金百疋
高松少将様	御泊	金参両
松平甲斐守様	御泊	金弐両外ニ金百疋
清水観世音様	御泊	金百疋
本多玄蕃様	御泊	金百五拾疋
御茶壺	御泊	（記載ナシ）
間宮武右衛門様	御泊	金百疋
井伊三郎様	御泊	金百疋

長岡図書様	御泊	金弐百疋
本多越中守様	御泊	金参百疋
小倉侍従様御女中	御泊	金百疋
小笠原大膳太夫様	御泊	金五百疋 外ニ金弐百疋
御備後御畳表	御泊	（記載ナシ）
佐竹壱岐守様	御泊	金参百疋
酒井弥門様	御泊	金弐百疋 外ニ金百疋
一柳順之助様	御泊	金弐百疋 外ニ金百疋
井伊昌之進様	御泊	金三百疋
尾州様御女中	御泊	南鐐一ツ
服部楠之丞様	御泊	金百疋
松平主殿頭様	御小休	金弐朱
小笠原出雲様	御泊	金百疋 外ニ銀子三両
松山惣右衛門様	御泊	金百疋
本庄式部少輔様	御泊	金三百疋

これを先に紹介した近世前期の下賜金と比較してみると、全体的に金銀の下賜金が少なくなっているように思われる。

その要因については、つぎの天保元年の品川宿から箱根宿まで一〇か宿の本陣・脇本陣などから道中奉行所あてに差し出した愁訴状を見ると「近年御大名様方厳敷御験（倹）約ニ而被レ下物次第ニ相減シ難儀至極仕」云々とあって、参勤交代の費用が多大となっていたことがわかり、大名の財政窮乏による休泊費用の節約が、本陣窮迫の要因であったことが明らかとなってくる（『幕府法令　下』二二六〜二二七頁）。

乍レ恐以二書付一奉二申上一候

東海通品川宿ゟ箱根宿迄拾ヶ宿本陣・脇本陣惣代保土ヶ谷宿脇本陣四郎兵衛奉二申上一候、私共職分之儀近年御大名様方厳敷御験（倹）約ニ而被レ下物次第ニ相減シ難儀至極仕、且本陣共儀者外ニ助成と申もの一切無二御座一候、先年者少々宛田畑等所持仕罷在候処、火難又者風難之度毎破損修覆等之手当ニ差支、多分質入等ニ差出し連々困窮相募り、最早日々之経営凌兼候仕合、追々家作及二大破一、当時之姿ニ而者次第ニ家作建潰退転仕候外無二御座一、一統歎敷奉レ存候ニ付、既ニ去ル文政四巳年中物代を以御愁訴奉二申上一候処、御利解之上追而宿々本陣御見分被レ遊候旨被二仰渡一、其後去ル午（文政五年）年中御用序御普請役様御見分被二成下一、其砌り麁絵図面并坪数委敷奉二書上一、以後も追々難渋之趣を以御願奉二申上一、猶又去ル戌（文政九年）年三月中
石川左近将監（忠房）様道中御奉行御勤役之砌り、別紙願書　御愁訴奉二申上一候処、同年四月中右願一条御取調中、一ト先帰宿被二仰付一罷在候、然ル処其後
御同人様御転役ニ付、去々子（文政十一年）年八月中右願之儀当
御奉行所様に御引渡ニ罷成候、然ル処去丑（文政十二年）春中猶又御伺奉二申上一候処、尚又御取調中帰宿被二仰付一候、然処当時之姿ニ而者本陣・脇本陣とも一統困窮仕詰、最早永続難二相成一候旨申レ之、相歎キ罷在候ニ付、無二余儀一不レ奉レ難二恐をも一此段御愁訴御伺奉二申上一候、何卒以二　御慈悲一先般願之趣御聞済被二成下置一候様、御憐愍之御沙汰偏ニ奉二願上一候、以上、

天保元寅年十二月廿三日

東海道品川宿ゟ箱根宿迄
　拾ヶ宿
　本陣
　脇本陣　惣代
中村八大夫当分御預所
同道中保土谷宿
　脇本陣
　　四郎兵衛

道中
　御奉行所様

（『神奈川県史』軽部文書）

第二節　本陣の火災・地震と拝借金願い

近世後期に入ると箱根宿の本陣は、休泊大名などの下賜金の減少や火災などにより窮乏していった。本陣や脇本陣などの邸宅はかなり規模が大きかったため、一旦火災に遭うとその復旧が容易ではなかったのである。

文化九年（一八一二）十二月七日付、箱根宿年寄佐五右衛門・問屋弥平太から韮山役所あての拝借金願い（「申立書」）を見ると、その窮状がつぎのとおり記されている（『箱根関所史料集』三、三二二～三三三頁）。

　　御吟味ニ付申上候書付
惣家数百九拾五軒

内五拾八軒　火元并無難之分除之
類焼家数百三拾七軒
願金高四百両之内
一、金百八拾壱両　　類焼人馬役
　　　　　　　　　　問屋場拝借
外金弐百拾九両御吟味ニ付減、
但、来酉ゟ卯迄七ヶ年賦、六ヶ年は壱ヶ年金弐拾五両三分・永百七文壱分宛、末年は金弐拾五両三分・永百七文四分返納之積

箱根宿之儀、当九月十五日夜宿内百姓家ゟ出火、家数百三拾八軒焼失仕、類焼拝借金之儀、御奉行所江奉願上候処、願書御取上ケ御取調之儀は、当御役所ニ而御吟味可請旨被仰渡候ニ付帰宿仕候処、今般被召出、家作拝借之義は別段御取調被成下候段被仰渡、問屋場人馬役拝借之義御吟味御座候、此段一同申上候、箱根宿之儀外宿と違イ山上無高ニ而、往来休泊之助成而已ニ而渡世を送り候処、多分家数類焼仕一同家業ニ離レ、当時は何れも寺院其外辻堂等ニ仮住居罷在候程之義、殊ニ風雨強雪支等茂有之、夫食ニは差支旁及難儀、人馬継合之儀ハ類焼人共罷出相勤候得共、・仮小屋補理候手段も無之、差当り問屋場人馬役之もの江金四百両拝借被仰付、当申ゟ三ヶ年延拾ヶ年賦返納之積被成下候様奉願上候処、人馬役問屋場拝借は近例茂有之、多分ニは御伺難被成旨、種々御利解御吟味之趣難黙止、頭金高四百両之内金弐百拾九両相減、年延年賦も相縮、書面之金百八拾壱両、来酉ゟ卯迄七ヶ年賦返納之積ヲ以、拝借被仰付候様、一同偏ニ奉願上候、右御吟味ニ付、相違不申上候、以上、
　　　　当支配所
　　　大久保加賀守領分

東海道箱根宿
年寄 佐五右衛門
問屋 弥平太
問屋又左衛門病気ニ付
代兼年寄 三四郎

文化九申年十二月七日

韮山
御役所

見られるとおり、箱根宿は文化九年九月十五日、百姓家から出火し、家数一九五軒のうち一三八軒が焼失したので、その復旧資金として金四〇〇両の拝借を願い出ている。続けて、

御吟味ニ付、申上候書付

一、金千弐拾両　本陣六軒類焼拝借
但、壱軒ニ付金百七拾両宛
外金三百六拾五両　御吟味ニ付減
一、金八拾五両　脇本陣壱軒、同断
外金三拾両　御吟味ニ付減
一、金千弐百九拾三両壱歩　旅籠屋六拾七軒、同断
外金千弐百六両三歩　御吟味ニ付減
内
金七百七拾四両　本旅籠屋三拾六軒
但壱軒ニ付金弐拾壱両弐分宛
金五百拾九両壱歩　並旅籠屋三拾壱軒
但壱軒ニ付金拾六両三歩宛
合金弐千三百九拾八両壱歩

但、当申ゟ寅迄七ヶ年延、卯ゟ子迄拾ヶ年賦、壱ヶ
年金弐百三拾九両三歩・永七拾五文宛返納之積り、

とあり、これを見ると、本陣六軒が一軒につき一七〇両、六軒で合わせて一〇二〇両の拝借金を願い出ているが、三六五両減額され六五五両を拝借していたことが判明する（『箱根関所史料集』三、三二三頁）。

このほか嘉永六年（一八五三）十二月付、本陣鎌倉屋太郎左衛門から佐賀藩鍋島家あての拝借金願いを見ると、左のとおり、同年二月に大地震に見舞われ、家屋が損壊し、そのうえ父太郎左衛門が病気になり難渋しているので「当五月奉願上候通、御救金拝領被為　仰付置候様、偏ニ奉願上候」と復旧資金の支援を願い出ている（『神奈川県史』二五二～二五三頁）。

また、嘉永六年三月の「肥州様江願書控」には、次のようにある。

乍恐以書付奉願上候

御屋形様往古ゟ御本陣并御家中様方御一統御休泊被為　仰付、当御関所御心遣御用奉勤仕、其上外宿本陣共と違、格別之以御取立以（ママ）、帯刀　御免御扶持年々御拝領被為仰付、誠ニ以冥加至極難有仕合奉存候、然ル処当宿土地柄之義、兼々奉申上候通、東西四里余之峠山上無高ニ而、年中湿気深く、五穀者勿論実を結候草木一切無御座候、依之米穀・野菜等両麓ゟ買揚、何れも遠村ニ付都而高価之品々出入欠合候得者、平地ゟ一倍ニも相当、竹木等之義山中ニ罷在候共、御関所御要害ニ而一切不入之場所、枯落枝ニ而も引取候義不相成厳重ニ被
仰付置、薪さへ遠方ゟ引取候仕義ニ而余業少も無御座、御往来御休泊之御助成ヲ以前ニゟ漸相営罷在候処、近年度々之火災ニ而弥増難渋ニ陥り不及自力、不奉得止事其都度不顧恐
御愁願奉申上候処、格別之以御愛憐御拝領被為仰付、誠ニ以冥加至極難有相続罷在候処、当二月近年稀成大地震ニ而私宅之儀建家ゆかミ、壁・襖・天井等震落、建具之分過半折損、其外石垣・柱根石等震込・震崩、宿内一躰

と者乍申潰家同様之姿ニ相成、終日何度となく震出、右様ニ而半月余も打続、不得止事家住難相成、家内一同野宿仕雨露相凌兼、往還筋之義者山上ゟ大石落出、或者大木倒レ道橋等震落、種々之差支ニ而往来通路相止ミ彼是困窮仕候折柄、父太郎左衛門病気ニ候処、右天災ニ而心労いたし病気相重り候ニ付、家作損所等之義其儘差置、家内一統介抱養生専一ニ仕成、艱難仕候得共不行届相果誠ニ以十方暮、且者類焼後数年之間も無御座火災同様之仕合、乍去御本陣之義第一ニ付、親類一同種々工風ヲ仕組、追々仮取繕置候得共、追々不相保取崩難渋難黙止猶申談私宅地面之義質物ニいたし、他借ヲ以漸歟（ママ）成ニ普請出来仕候得共、右金主方に何れ歟仕送行届候而は、此儘地所譲渡候様ニ相成候ハ眼前ニ付　一同悲歎仕、是迄従
御屋形様莫太之奉蒙　御高恩、以御仁恵相続仕、亦々御願ケ間敷儀仕間敷と奉存候得共、前顕之仕合不奉顧恐当夏願書奉差上、御慈悲之御下知乍恐奉仰候得共、最早年内余日も無御座、金主ゟハ烈敷催促、旁如何可仕手段無御座術計尽果、先太郎左衛門存生ニ罷在候得者、手段差略も可有之哉と奉存候得共、当太郎左衛門義者若年、親類共者
御出入様方之御様子篤と不奉畏、誠ニ以難渋ニ陥り、不奉得止事御仁恵ニ取縋り候ゟ外無御座、何卒出格之以
御憐愍、当五月奉願上候通、御救金拝領被為　仰付被下置候様、偏ニ奉願上候、誠ニ以重畳奉恐入候次第ニ御座候得共、此儘ニ相成候上者地所等所持難相成、此段何卒為御汲取、幾重ニも御哀憐之御下知混（ママ）奉願上候、右奉願上候通被為　仰付被下置候ハヽ、親類者不及申上、子孫迄冥加至極難有仕合奉存候、以上、

箱根宿御本陣
鎌倉や太郎左衛門

嘉永六丑年十二月

成富勘左衛門様

牧弥学様

（箱根町箱根　石内直躬氏蔵）

倉永二太夫様

以上により、近世後期に入ってからの本陣の窮乏が、参勤大名等の下賜金の減少と火災や地震などによる災害が主な要因であったことが明白になったといえるであろう。

第五章　近世後期箱根宿の人馬継立と財政窮状

近世後期に入って、一体、箱根宿ではどの位の人馬継立を負担していたのであろうか。嘉永三年（一八五〇）七月付で道中方役人に差し出した「馬継立高・御用物上下人足継立高書上帳」（『神奈川県史』二四八～二四九頁）を見ると、左のとおり記されている。

「（表紙）
馬継立高
御用物上下人足継立高　書上帳
東海道
箱根宿」

酉年
一馬弐万四千三百九拾八疋
内馬弐万弐千弐百九拾弐疋　宿勤
内登馬壱万四百五拾七疋　賃払
同　百三拾九疋　無賃
下　壱万千四百五拾四疋　賃払

同　弐百四拾弐疋　　　　無賃

馬弐千百六疋

内登馬千百五拾五疋　　　賃払

同　三疋　　　　　　　　無賃

下　九百四拾七疋　賃払

同　壱疋　　　無賃

外ニ馬六百弐拾五疋

是者御先触請候分、外宿と違助郷無之一宿限、前後四里余遠継難場ニ付、当日三嶋・小田原両宿継方宿馬何疋、助郷馬何疋程と凡見極置、東西坂中宿馬代前日・前々日ゟ遠近之在方相雇、前々牽揚用意仕置候得共、近郷村々者押なへて右両宿触下之儀ニ付不罷越候、然共遠在を相雇牽寄置候処、御延引又者川支等ニ而御泊り割狂ひ、不用馬ニ相成候分、

一人足四千七百七拾六人

内登千七百拾三人　無賃
下三千六拾三人　同断

是者酉年壱ヶ年上下御用物御継立仕候分、

右御尋ニ付乍恐奉申上候、以上、

嘉永三庚戌年七月

江川太郎左衛門（英竜）御代官所
大久保加賀守（忠愨）領分
東海道箱根宿
名前　前同断

（道中方）
飯田文右衛門様
（同）
荻野寛一様
　　　　　　　　　　　　　　　　　　　　　　　　（箱根町芦ノ湯　駒実氏蔵）
これを見ると、先述の天保九年（一八三八）正月付の人馬継立数人足三万九八一六人、馬一万二八八五疋と比べると、馬数では箱根の二万二二九二疋の方がはるかに多くなっていることがわかる。

また、参考までに中山道安中宿の天保十四年・同十五年の人馬継立数を提示して見ると、つぎのとおりである（拙著『近世東国の人馬継立と休泊負担』九六頁）。

天保十四卯年
　継立高〆　人足弐万五千六拾壱人
　　　　　　馬　弐万六千七拾五疋
　　内
　　人足九千四百九拾六人
　　馬　九千弐百八拾壱疋　　宿勤
　　人足壱万五千五百六拾五人
　　馬　壱万六千七百八拾六疋　助郷勤

天保十五辰年
　継立高〆　人足壱万九千六百三拾七人
　　　　　　馬　壱万八千九百七拾六疋
　　内
　　人足八千八百七拾三人
　　馬　八千九百六拾弐疋　　宿勤
　　人足壱万七百六拾四人
　　馬　壱万拾四疋　　助郷勤

これを見ると、馬数では箱根宿と安中宿では余り差異が無かったことがわかるが、安中宿の場合は、馬の継立のおよそ半分位が助郷勤となっていることである。また、箱根宿の人足がかなり少ないように思われるが、これは小田原・三島両宿が、人足は箱根で継立せずに小田原から三島へというように通り越して継立をしていたからであると考えられる。この点については『宿場』（東京堂出版、一五四頁）も参照されたい。

それはさておき、近世後期になると、箱根宿へも左のとおり豆州君沢郡・加茂郡・田方郡など二一一か村にも及ぶ村々に助郷役が負荷されたのである（『箱根関所史料集』三、二七二～二七八頁）。

「（表紙）
御印書写并ニ村々残高勤仕訳
東海道
（慶応三年）
卯八月　箱根宿」

追而、此触書早々相廻し、承知之旨別紙請書相添、留ゟ宿村継ニ而箱根宿に相返し、夫ゟ宿送を以駿河役所に可相返候、以上、

近年御用旅行・諸通行共差湊申ニ付、東海道箱根宿に左之村々三嶋宿増助郷・加助郷共、当時勤高引之、残高之内八分通ヲ以、当卯八月ゟ来ル巳七月迄中弐ヶ年之間、箱根宿立馬之内、三拾疋余荷助郷申付候間、右宿役人共ゟ相触次第、無滞差出可相勤者也、

卯
七月十九日
伊勢　御印
駿河　御印

豆州君沢郡
残
高百拾三石弐斗六升弐合五勺　瓜生野村
同弐百六拾五石九升　上修善寺村
同六拾壱石三斗弐升七合五勺　久連村

同百拾七石六斗八升四合五勺　河内村
同弐百九拾弐石弐斗七升弐合五勺　小坂村
同七拾弐石三斗七升弐合五勺　長瀬村
同百三拾石三斗九升　下修善寺
残
高弐百三拾三石壱斗五升五合　熊坂村
同七拾五石壱斗四升　大沢村
同七拾五石壱斗四升　三津村
同七拾石壱斗六升七合五勺　重須村
同五百拾石五斗壱升　同州加茂郡 宇佐美村
同弐百弐拾八石壱斗八升弐合五勺　下白岩村
同百弐拾七石七升五合　梅木村
同弐百拾八石七斗九升　城村
同弐百四拾弐石五斗八升七合五勺　上白岩村
同弐百拾四石三斗七升　八幡村
残
高九拾七石弐斗四升　関野村
同百七石七斗三升七合五勺　同州田方郡 本立野村
同百拾九石三斗四升　田代村
同百九拾六石壱斗三升七合五勺　丹那村

同六拾三石五斗三升七合五勺	下畑村
同八拾五石八斗	妻良村
同百四拾四石九斗五升	毛倉野村
残高三拾九石六斗五升	大瀬村
同弐拾八石六斗	長津呂村
同八拾七石壱斗	下流村
同百弐拾八石七斗	手石村
同七拾石八斗五升	岡方村
同百弐拾七石四斗	下田村
同百四拾石四斗	本郷村
同百拾弐石四斗五升	石井村
同百七拾石九斗五升	青野村
同八拾壱石九斗	一条村
同弐百三石四斗五升	下加茂村
同弐百三拾六石五斗	上加茂村
同弐百八拾石八斗	吉佐美村
同弐百三拾七石弐斗五升	湊村
同弐百五拾八石七斗	市之瀬村

同百三拾三石弐斗五升　大加茂村
残
高百三拾三石九斗　青市村
同三拾八石三斗五升　田牛村
同百五拾五石三斗五升　上小野村
同弐百四拾壱石壱斗五升　二条村
同七拾五石四斗　蝶ヶ野村
同弐百拾三石弐斗　下小野村　河合野村
同七拾石八斗五升　蛇石村
同三拾五石壱斗　岩殿村
同弐百三拾弐石七斗　加納村
同百三拾三石九斗　入間村
同百八拾壱石三斗五升　一色村
金高弐万七千五百拾四石弐斗七合五勺

右村々
名主
組頭

本箱根宿立馬余荷勤割之義、遠村等ニ而正馬難差出村々其余、示談ヲ以雇替金勤之分は、壱ヶ年高百石ニ付金七両を限り実意ニ引合可相勤事、

この史料には年代が記されていないが、道中奉行伊勢(溝口伊勢守)・駿河(都筑駿河守)の印判があるので、慶応三年(一八六七)の文書と推定される。

これらの箱根宿の助郷に指定された村々は、遠方のため雇替金として一か年に高一〇〇石につき金七両ずつを納入しなければならなかったのである。このように箱根宿は近世後期に入って、遠方の助郷村々の雇替金によって人馬継立をせざるを得なくなったことが注目される。

次いで、近世後期の箱根宿の財政状況の説明に入る。

まず安政六年(一八五九)の箱根宿三島町の「宿賄勘定帳」(『箱根関所史料集』三、二八二～二八三頁)を左に紹介してみよう。

「(表紙)
安政六未年
宿　賄　勘　定　帳
箱根宿
三嶋町　」

一、金三百四拾両弐分・永弐拾八文五厘壱毛
是ハ午年分助成御利金四分通り御下渡之分、

一、金五百弐拾両弐分・永百九拾七文
是ハ未十二月助成御利金六分通り御下渡之分、

一、金六拾六両・永弐百六文九分
是ハ御飛脚米残払代、

一、金五拾七両弐朱・銭四百文
　是ハ小田原宿人足刎銭、
一、金拾両ト銭弐百四拾七文
　是ハ名古屋金入、
一、銭弐千八百拾貫百拾四文
　是ハ未年壱ヶ年五割増刎銭、
一、金弐分ト銭五拾弐貫弐百八拾文
　是ハ宿馬口銭、
一、金弐百両
　是ハ御支配御役所ゟ拝借、
〆金千弐百両・永五拾六文九分五厘壱毛
銭弐千八百六拾三貫四拾五文
　此金四百四拾七両壱分・永百壱文六厘八毛
合金千六百四拾七両壱分・永百五拾八文壱厘九毛
　此払
銭百弐貫五百四拾八文　　御状箱上下御継銭
金拾両
　銭弐百七拾貫文　　御用物上下御継銭

銭五拾四貫文　御用状上下御継銭
銭三千五百九貫拾九文　馬足銭
銭百四拾四貫文　見越触状
金弐百八拾四両弐分・永百七拾弐文五分
　銭弐拾貫文　馬仕立
銭六拾壱貫三百七拾四文　御支配上下御継銭
金四拾弐両壱分
　銭弐百拾貫八拾八文　宿入用
銭百弐拾五貫六百八拾文　問屋場筆墨紙ろうそく真木其外諸入用
金拾三両弐分弐朱　役人共路用
　銭五拾六貫七百四拾八文
銭百九拾七貫八百三拾七文　御用宿足銭
金弐分弐朱
　銭四拾九貫八百三拾弐文　御関所入用
銭三百三拾壱貫七百四拾八文　泊馬飼料
銭弐百六拾九貫八百六拾九文　尾州様月並取替
金九拾壱両弐分　役人共給金
金六拾六両弐朱　取替物

金弐拾両　　　　　　　　芦川町相続金相渡
金三百三両弐分弐朱
　永四拾八文七分六厘六毛　　諸返納物并利払
〆
金八百三拾弐両壱分・永弐百弐拾壱文弐分六厘六毛
銭五千四百弐貫七百七拾三文
　此金八百四拾四両・永百八拾三文七分五厘
合金千六百七拾六両弐分・永百五拾五文壱厘六毛
　差引
金弐拾九両・永弐百四拾六文六分九厘七毛　不足
右之通相違無御座候、以上、
安政六未年十二月
　箱根宿
　　年寄格
　　　利右衛門㊞
　　　又左衛門㊞
　　　真平㊞
　　　佐十郎㊞
　　　三郎右衛門㊞

右によると、収入のうちもっとも多いのは宿助成金の貸付利益で、二口合わせて金八六五両余りもの大金であったことがわかる。

また、支出金でもっとも多いのは、馬足銭で三五〇九貫一九文となっている。そのほか宿入用金が四二両一分、銭二一〇貫八八文、泊馬飼料代が三三一貫七四八文、それからもっとも多いのは諸返納物ならびに利払金で、三〇三両二分二朱、永四八文七分六厘六毛で、これは借入金の利息と考えられる。

そして収入金の一六四七両一分、永一五八文から、支出総額一六七六両二分、永一五五文を差し引くと、金二九両、永二四六文余の不足金が生じていることがわかる。

これは箱根宿三島町分の財政状況で、小田原町分は不明である。

さらにもう一点、万延元年(一八六〇)四月付の「宿勘定月賄帳」(三島町)を左に紹介してみよう(『箱根関所史料集』三、二八四〜二八五頁)。

(表紙)
「万延元(一八六〇)申年四月

宿　勘　定　月　賄　帳

三嶋町」

四月
一、銭百六拾貫三拾弐文　五割増
一、銭弐貫七百六拾壱文　口　銭
合銭百六拾弐貫七百九拾三文
此金弐拾五両壱歩・永百八拾六文九分
此払

四月　銭五貫六百六拾文　御状箱上下御継銭
同　銭拾五貫文　御用物上下御継銭
同　銭三拾五貫七百五拾三文　馬足銭
同　銭八貫文　見越触状
同　銭七貫五百弐拾壱文　御支配様上下御継銭
同　金弐両壱分
　　銭八貫五百四拾八文　宿入用
同　金三両
　　銭六貫九百文　役人共路用
同　銭拾五貫百七文　御用宿足銭
同　銭弐貫八百文　御関所入用
同　銭弐拾五貫三百四拾八文　泊馬飼料
同　銭拾八貫八百六拾四文　尾州様月並荷物取替
同　金五拾八両壱歩・永三拾七文五分　閏三月賄不足

〆金六拾三両弐分・永三拾七文五分
　銭四百弐拾九貫五百拾三文
　　此金六拾七両・永百拾壱文五分
合金百三拾両弐分・永百四拾九文弐分

差引

金百五両・永弐百拾八文弐分　不足

右之通相違無御座候、以上、

申四月

箱根宿三嶋町

年寄　又左衛門㊞

同　真平㊞

同　佐十郎㊞

問屋　三郎右衛門㊞

右によると、収入はほとんど人馬賃銭の五割増し分と口銭で、合わせて金二五両一歩と永一八六文九分となっている。

また支出の主なものは、馬足銭で三五貫七五三文、泊馬の飼料代が二五貫三四八文、尾州様月並荷物取替銭が一八貫八六四文、御用宿足銭が一五貫一〇七文、御用物上下御継銭が一五貫文など、合わせて金一三〇両二分、永一四九文二分と記されている。

そして差し引き金一〇五両、永二一八文二分不足金となっている。

さらに同年九月分の「宿賄勘定帳」(『箱根関所史料集』三、二八五〜二八六頁)を見ると、当月分も差し引き七九両一分、永一九八文三分の不足金が生じているのである(『箱根関所史料集』三、二八六頁)。

この不足金をどのようにして穴埋めしていたのか、現時点では明らかでない。中山道宿駅の場合は、ほとんどが宿民から取り立てできずに「他借勘定相立申候」とあって借金したり、宿民から小間割にして取り立てている(拙著『近

世東国の人馬継立と休泊負担』一〇七〜一一一頁）。

以上が、近世後期箱根宿の人馬継立と財政収支の実態である。

補論　幕末維新期の箱根宿

ここでは、幕末維新期の箱根宿の動行について若干述べてみたいと考える。

まず、慶応三年(一八六七)九月付、箱根宿問屋年寄惣代逸平・問屋治五右衛門から韮山役所あての口上書を紹介してみると、左のとおりである(『箱根関所史料集』三、二六七〜二六八頁)。

乍恐以口上書奉願上候

当御支配所大久保加賀守領分問屋・年寄奉申上候、宿方御賄御継立之儀、極難之廉ニは奉申上候迄茂無御座、疲弊仕候ニ付、当春ゟ道中御奉行所様江余荷勤助郷奉願上候処、当御役所様ニおゐても程々被仰立御聞済之上、御印書御下渡ニ相成、冥加至極奉存候ニ付、即刻豆州村々江相廻し候得共、継送刻付帳江調印而已ニ而御請印無御座候間、先般村々江御利解被仰付候様奉願上候処、御聞済被成下置、難有仕合奉存候得共、急速之凌方ニは相成不申、当節御賄被下馬を始メ寸時之無絶間、必至と当惑仕、右ニ付而は去々丑年御進発後、同六月ゟ被下馬御継立無賃銭并御用宿足銭掛り高、合金三千五百両余ニ相成、是迄は他借才覚ヲ以御賄仕候得共、此上之儀は工夫勘弁更ニ無御座候ニ付、何卒格別之御仁恵ヲ以、小田原役場ゟ被申立候通、乍恐御物成之内ヲ以、御差繰金被成下置候様偏ニ奉願上候、右御聞届無御座候上は、宿内一統退転之外無御座、何卒出格之御憐愍ヲ以、急場御賄相立候様御下知奉願上候、以上、

慶応三丁卯年九月　箱根宿
問屋年寄惣代
年寄　逸　平　㊞
問屋　治五右衛門　㊞
韮山
御役所

これを見ると、箱根宿では幕末期の慶応三年になると遂に極難に陥り入り、豆州村々への助郷を願い出て許可にはなったが、これら村々の対応が鈍く、請印も無く、将軍の進発後継立無賃銭ならびに御用宿足銭の掛り高が合わせて金三五〇〇両にものぼり、これまでは他借など才覚をもって賄ってきたが、このうえはどうにもならないので、格別の御仁恵をもって物成のうちから差し繰り金を下さるようにお願いしたいとあって、もし、聞き届け下さらないときは宿内一統退転のほかは無い、と嘆願している（『箱根関所史料集』三、二六七～二六八頁）。

つぎに明治元年（一八六八）十一月付「乍恐以書付奉嘆願候」（『箱根関所史料集』三、二六八～二六九頁）を見ると、左のとおり記されている。

乍恐以書付奉嘆願候
当御支配所大久保岩丸領分箱根宿役人共一同奉歎願候当宿柄之義、連々疲弊節迫（ママ）ニ陥り候段は、乍恐一々奉申上
候迄も無御座、兼而御承知被為在候処、猶当七月助成御利金御下渡無御座、弥増困窮差迫り候ニ付、先年奉願上
候中国余荷勤替り伊豆国村々之義、御印書御請印相拒ミ居候間、当八月中ゟ東京民政裁判所に奉願上候処、願書
御取上相成候ニ付、難有御沙汰奉待居候内、
御東幸ニ付、人少之宿方其段願上、出府役人共も一ト先帰宿仕候、然ル処

御宮様を奉始、官軍諸家藩々御引上ケ御人数を始、御継立差湊、日々雇馬ニ而御継立仕候得共、御定賃銭ニ而中々以引足り不申、前以宿馬持立置度候得共、右元立金総而無御座、依之宿内ニ当時持立馬僅拾疋、其余両坂江五拾疋仕附置候宿馬代り迚も諸色高価、且村役ニ無之候間、追々立崩勝手勤ニ而雇馬同様ニ成行、傍以足銭夥敷相掛り、其余急御用状御先触継・宿方諸入用・役人共所々出役路用・御関所入用、御支配様・御領主様御継立其外日々出金元居無之、小前一同日掛銭取立度候得共、前出金十分一ニも足金ニ不相成、是以更ニ行届不申、左候迚、御往来御継立は寸時も無用捨、役人共所々馳廻り、暫時之急借終ニは返済不届行候故、追々融通相塞り、最早其場之危急難凌、役人共ｲ方を失ひ歎息之場合、尤年々別冊奉書上候御救米金御下渡被下置候而も難立行、宿方当盆前助成御利金御下渡無御座ニ付、迚も可行届様は無之、此段御賢察被成下置、是迄年々御下渡相成候別冊御救米金空く相成候而は、実々歎息恐惑筆紙ニ難申上候次第、何卒莫太之御仁恵を以、其御筋に被為仰立、差向御救御助成米金御下渡被成下置、当暮悲歎之困苦被為救候様、偏ニ奉歎願候、以上、

明治元辰十一月　　相州足柄下郡

箱根宿

御支配所
問屋　治五右衛門㊞

年寄　又左衛門㊞

同　治三郎㊞

当御支配所

大久保岩丸領分

同　三四郎　㊞
岩丸領分
問屋　佐五兵衛　㊞
年寄　逸平　㊞
同　覚右衛門　㊞
同　弥平太　㊞
同　佐五右衛門　㊞

韮山
御役所

右によると、当七月には助成利金の下げ渡しも無く、弥増し困窮が募り、伊豆国村々の助郷勤も拒まれ、東京民政裁判所に訴え出たが、その沙太もなく、止むを得ず出府役人はひとまず帰宿しているとし、しかるに御東幸につき宮様や官軍諸家の継立が夥しく、日々雇馬で継立しているが、お定め賃銭ではとても足りず、宿馬持ち立ても僅か一〇疋程度となり、人馬足銭が夥敷かかり、小前一同から掛銭を取り立てても入用金の十分の一にもならないので、往来継立が困難になっているので、それにつき莫大の御仁恵をもって助成米金を下げ渡し願いたい、という趣旨が記されている。

これを見ると、明治新政府になっても人馬継立負担は、一向に改善されていなかったことが明白となる。

なお、同年十一月の「宿方家数、米金入高、御定賃銭書上帳」（『箱根関所史料集』三、二一一〜二一五頁）の附紙には箱根宿の不足金につき、つぎのとおり記されている。

一、宿馬代金四百両程

是は年々斃馬・潰馬之分凡拾疋宛春中牽入候得共、当時壱疋馬代金四拾両宛も差出不申候は而ハ難用立ニ付、当春牽入方行届候、

一、役人共給金七拾両

是は年々宿役人一同に盆前内渡金仕候得共、当盆前助成御利金御下渡し無御座候ニ付、相渡不申候分、

一、宿馬代役給金百五拾両

是は小宿ニ付、宿馬弐拾疋余は難持立ニ付、東西間ノ村ニ而宿馬代り五拾疋仕附置、年々盆前給金内渡仕候得共、前同様御下金無御座候ニ付、不行届候、

一、利金三百八拾二両余

是は古渡之分は其儘居置、新渡之分当盆前書面之通利済仕度候得共、前同様御下金無御座候ニ付、不行届候、

小以金千三両余

本文不足金仕埋之儀、山上無高極難渋之宿方ニ而地子御免許、山銭迄も上納不仕候程之宿方、御往来一助而已、外ニ調筋無之、依之軒別取立候段難成ニ付、別帳を書上候由、宝永・天明之頃ゟ積立金仕置、前幕江願上貸附被成下、右御利金は山中極難ニ付、為御救年々被下置候御米等ヲ以仕払、其余は借財ニ相成申候、

これを見ると、明治元年十一月の箱根宿の借金は、宿馬代金、宿役人の給金、宿馬代役給金借金の利息金など、合わせて金一〇〇三両にものぼっていたことが判明する。

おわりに

近世初頭に徳川幕府によって設定された五街道を中心とする宿駅制度は、明治二年（一八六九）になると太政官の布達により、関所が廃止され、同三年閏十一月には本陣・脇本陣の名目も廃止され、その後、明治五年七月二十日付太政官布達二〇四号により諸道の伝馬所・助郷が廃止された。これによって江戸幕府が設定した近世宿駅制度は終わりを告げることになったのである。

なお、明治新政府になってからの宿駅制度の廃止の過程については、山本弘文『維新期の街道と輸送』（法政大学出版局、一九七二年）をご覧頂ければ幸いである。

あとがき

私は一九五六年(昭和三十一年)四月、法政大学大学院日本史学専攻修士課程に入学しました。それ以来、関東水陸交通史を中心に研究を進め、一九八四年になって『関東河川水運史の研究』(法政大学出版局)を刊行しました。その後一九九六年には『近世交通運輸史の研究』(吉川弘文館)、さらに二〇一三年になって『近世関東の水運と商品取引』(岩田書院)を刊行し、これまで合わせて八冊の著書を刊行することができました。

それで二〇一九年(令和元年)には九十二歳になりますで、もう、研究は終わりにしようと考えたのですが、書斎の棚を見渡したところ、一番奥のほうに箱根関所関係の史料集や関所の日記などが数冊保存されていました。これらの書籍は、今となっては、どなたから寄贈していただいたのかわかりませんが、これらを看過することができなくなりました。

それで私の最後の仕事として、これらの史料集や関所日記を活用して、研究が遅れているようにみえる箱根関所と箱根宿の全容を、できる限り明らかにして、交通史の研究者をはじめ一般市民の方々にもご覧いただきたいと考えた次第です。

幸いに、箱根町立郷土資料館には法政大学卒業の大和田公一氏が学芸員として長年勤務していましたので協力をお願いしたところ、快諾していただきました。それで早速箱根町へ出向き、郷土資料館の館長鈴木康弘氏にもお目にかかって協力をお願いし、本年に入って研究執筆に着手した次第です。それから無我夢中で原稿を執筆し、五月末日には大雑把な原稿をまとめ、早速、岩田書院に入稿した次第です。

岩田書院の岩田博氏には、前記の『近世関東の水運と商品取引』以降四冊の拙著を刊行してもらいました。今回も親切な助言をしていただき、私自身にとって九冊目となる本書を刊行する運びとなりました。

この紙上を借り、ありがたく皆様に御礼申し上げ、擱筆させていただきます。

二〇一九年十月

丹治　健蔵

著者紹介

丹治 健蔵（たんじ・けんぞう）

1927年　東京都杉並区に生まれる
1945年　慶應義塾商業学校卒業
1950年　法政大学専門部政治経済科卒業
1952年　同大学文学部史学科卒業
1952年～61年　玉川学園中学部・高等部教諭
1959年　法政大学大学院人文科学研究科日本史学専攻修士課程修了
1961年～64年　法政大学第二工業高等学校講師
1964年～67年　同大学文学部研究助手
1967年　同大学大学院博士課程（授業料免除）を修了し、文学部兼任講師に就任
その後　青山学院大学文学部・埼玉大学教育学部兼任講師、
与野市総務部参事兼市史編さん室長・同市史編さん委員長、
東京都日の出町史専門委員長、歴史地理学会常任委員、
交通史研究会常任委員・監事等を歴任し、
現　在　交通史学会顧問、文学博士

主要編著書
『関東河川水運史の研究』（法政大学出版局　1984年）
『近世交通運輸史の研究』（吉川弘文館　1996年）
『関東水陸交通史の研究』（法政大学出版局　2007年）
『近世関東の水運と商品取引』（岩田書院　2013年）
『近世関東の水運と商品取引 続』（岩田書院　2015年）
『天狗党の乱と渡船場栗橋関所の通行査検』（岩田書院　2015年）
『近世関東の水運と商品取引 続々』（岩田書院　2017年）
『近世東国の人馬継立と休泊負担』（岩田書院　2018年）
『日本近世交通史研究』（共編著　吉川弘文館　1979年）
『日本近世交通史論集』（共編著　吉川弘文館　1986年）
『日本交通史』（共編著　吉川弘文館　1992年）
『近代交通成立史の研究』（共編著　法政大学出版局　1994年）
『流域をたどる歴史』全七巻（共編著　ぎょうせい　1978～79年）
自治体史編著書
『埼玉県与野市史』全13巻（1977～93年、市民功労賞受賞）
『東京都日の出町史』全4巻（1985年～2007年、表彰状受賞）
その他『新修蕨市史』『古河市史』『鉾田町史』の編纂執筆に従事。

東海道《とうかいどう》箱《はこ》根《ね》関所《せきしょ》と箱《はこ》根宿《ねしゅく》

近世史研究叢書52

2019年（令和元年）12月　第1刷　400部　発行

定価［本体7200円＋税］

著　者　丹治　健蔵

発行所　有限会社岩田書院　代表：岩田　博　http://www.iwata-shoin.co.jp

〒157-0062 東京都世田谷区南烏山4-25-6-103　電話03-3326-3757 FAX03-3326-6788

組版・印刷・製本：新日本印刷

ISBN978-4-86602-088-4　C3321　¥7200E

近世史研究叢書

04	西沢　淳男	幕領陣屋と代官支配	7900円	1998.11
07	福江　　充	近世立山信仰の展開	11800円	2002.05
08	高橋　　実	助郷一揆の研究	7400円	2003.02
10	舟橋　明宏	近世の地主制と地域社会	8900円	2004.07
11	川村　　優	旗本領郷村の研究	11800円	2004.08
12	井上　定幸	近世の北関東と商品流通	5900円	2004.10
14	下重　　清	幕閣譜代藩の政治構造	7900円	2006.02
15	落合　　功	地域形成と近世社会	5900円	2006.08
17	村井　早苗	キリシタン禁制の地域的展開	6900円	2007.02
18	黒石　陽子	近松以後の人形浄瑠璃	6900円	2007.02
19	長谷川匡俊	近世の地方寺院と庶民信仰	8200円	2007.05
20	渡辺　尚志	惣百姓と近世村落	6900円	2007.05
21	井上　　攻	近世社会の成熟と宿場世界	7900円	2008.05
22	滝口　正哉	江戸の社会と御免富	9500円	2009.05
23	高牧　　實	文人・勤番藩士の生活と心情	7900円	2009.08
24	大谷　貞夫	江戸幕府の直営牧	7900円	2009.11
25	太田　尚宏	幕府代官伊奈氏と江戸周辺地域	6900円	2010.10
26	尹　　裕淑	近世日朝通交と倭館	7900円	2011.02
27	高橋　伸拓	近世飛騨林業の展開	8400円	2011.09
28	出口　宏幸	江戸内海猟師町と役負担	6400円	2011.10
29	千葉真由美	近世百姓の印と村社会	7900円	2012.05
30	池田　仁子	金沢と加賀藩町場の生活文化	8900円	2012.08
34	B.ｸﾞﾗﾑﾘﾋ＝オカ	只野真葛論	7900円	2013.06
35	栗原　　亮	近世村落の成立と検地・入会地	11800円	2013.09
36	伊坂　道子	芝増上寺境内地の歴史的景観	8800円	2013.10
37	別府　信吾	岡山藩の寺社と史料	6900円	2013.12
38	中野　達哉	江戸の武家社会と百姓・町人	7900円	2014.02
41	西島　太郎	松江藩の基礎的研究	8400円	2015.07
42	池田　仁子	近世金沢の医療と医家	6400円	2015.09
43	斉藤　　司	田中休愚「民間省要」の基礎的研究	11800円	2015.10
44	上原　兼善	近世琉球貿易史の研究	12800円	2016.06
45	吉岡　　孝	八王子千人同心における身分越境	7200円	2017.03
46	斉藤　　司	煙管亭喜荘と「神奈川砂子」	6400円	2017.10
47	川村由紀子	江戸・日光の建築職人集団	9900円	2017.11
48	谷戸　佑紀	近世前期神宮御師の基礎的研究	7400円	2018.02
49	松野　聡子	近世在地修験と地域社会	7900円	2018.02
51	斉藤　　司	福原高峰と「相中留恩記略」	6800円	2018.07